親子で育つ話し合い

若林泰雄

はじめに

お父さん、お母さんへ

見るもの、聞くもの、触るもの、全てが好奇心の対象となる小学生時代。いろんな事を吸収しながら、人生の土台をつくって行く重要な時期にもかかわらず、子どもの問題行動が、全国的に拡がっていると言われています。

物質的には豊かになっても、精神的にはどこか満たされない、そんな子どもたちの姿。

かれらは、まだ、そういった気持ちを、うまく言葉で表現出来ずに、いらいらして、すぐに爆発させてしまう。

一昔前の子供時代と比べてみると、現代は、一直線で急行、かれらは息苦しいのではないでしょうか。

子ども時代という湾処《わんど》—入江—の中で、じっくり子どもとして熟成させる必要がある、と思われます。

そのためにも、教育界や地域をあげて、いろいろな取り組みが始められています。

本文は、今までに私が子どもたちと話し合った内容の中から、いくつかを要約の形で再現したものです。対象は、小学生が中心ですが、一部は中学生の諸君にわたっています。

多感な少年時代の中で、様々な疑問や悩みが提示され、それらに対して、私自身の経験を踏まえながら、考え方や感想を述べてみました。

中には、とても答えられそうにない難問や、鋭い指摘もあります。そのような場合は、一緒に考えてみよう、という態度が大切なのではないか、と思っています。

大変でしょうが、子どもの問いかけには、真っ正面から受け止めてあげてほしい、と願っています。

本書は、小学四年生以上ぐらいの子どもさんが、充分読めるように、配慮したつもりです。ですから、保護者の方と子どもさんのどちらが先に読まれても、また、一緒に読んで頂いても、支障はないと考えています。

(尚、語意や文意を強めるために、カタカナを併用してあります。)

目次

親子で育つ話し合い

おはなし

1. 変《へん》な試合《しあい》

へえー、ケンちゃん、きのう学校からの帰《かえ》り道で、「オシッコの飛《と》ばし合いをして、十センチほど負けたから、口惜《くや》しい。」って?

それは残念《ざんねん》だったねえ。「けど、畑《はたけ》の蛙《かえる》が跳《と》んで逃《に》げたから、おもしろかった。」って?

そりゃあ、蛙もビックリした、と思うよ。

「何て熱《あつ》い雨だろ!」

小学生の頃《ころ》、私も、いろんな試合をしたものだよ。

友だちがね、こんなことを言うんだ。

「豆を食べたら、どんな音のオナラ出る?」

私は分《わ》からないから、黙《だま》っていたんだ。

「豆は英語でピーって言うから、ピーという音がする。」んだって。彼《かれ》の姉《ねえ》さんが英語を習《なら》っていたから、その単語《たんご》を教えてもらって、知っていたんだよ。

口惜《くや》しいから、私も言ってやった。

「じゃあ、ゴボウを食べたら、どんな音がする?」

彼は困《こま》った顔をしていたねえ。

「教えてあげる。ゴボウだから、ゴボ、ゴボ、ゴボ……。」


彼も負けず嫌《ぎら》いなところがあるんだよ。

「オナラの試合をしよう。」そう言った途端《とたん》、「ボワーン」特大《とくだい》のオナラをしたんだ。それで私もやってみたんだけど「プッ」。これでは負ける。今度《こんど》は、お腹《なか》にうんと力を入れて頑張《がんば》ってみた。「プチッ」妙《みょう》な音がして、ついでに少し「実《み》」

が出たんだ。驚《おどろ》いたのなんの、私は家へ走って帰ったんだ。

「どうして、ウンコが出るまで遊んでいるの。」

パンツを着替《きが》えていたら、お母さんに叱《しか》られてしまった。

「違《ちが》うんだよ。オナラの試合をしていたら……。」

「ほんとにオバカさんねえ、おまえは。」


痛《いた》い目に合《あ》った試合もやったよ。

あれは雨の日だった。友だちと長靴《ながぐつ》の飛ばし合いをしたんだ。思い切り強く、足を前へ蹴《け》り出したら、「スポッ」と脱《ぬ》げて、靴《くつ》は飛んで行ってしまった。

「あれ、どこへ行ったのかなあ?」そう思っていたら、「ガツン!」頭の上に、天から長靴が降《ふ》って来たんだ。

世の中には、いろんな種類《しゅるい》の試合があるんだねえ。

まあ、他の人に迷惑《めいわく》をかけたり、自分もひどいめに合うような試合は、なるべくしない方がいいと思うよ。

2. 山羊《やぎ》がしゃべった⁉

ミヨちゃんは、犬を可愛《かわい》がっているんだね。

それで、「犬が喜《よろこ》んだり、悲《かな》しがっている時の鳴《な》き声は違う。」って？　ふうん、よく区別《くべつ》がつくんだね。「お腹《なか》が空《す》いた時の声も分かる。」って？　スゴイねえ。

そう言《い》われてみると、私もよく似《に》た経験《けいけん》があるなあ。

ずっと前のことだけど、私の家の裏《うら》で山羊《やぎ》を飼《か》っていたんだよ、山羊のお乳《ちち》を飲《の》むためにね。お父さんやお母さんが山羊の乳を搾《しぼ》るのを見ているうちに、私もやってみたくなったんだ。

ところが、教えてもらったようにしていたのに、ちっともお乳が出ないんだよ。山羊は腹《はら》を立てたんだろうね。「メェーッ」と言うと同時《どうじ》に、お乳の容器《ようき》を足で蹴飛《けと》ばしたんだ。

ビックリしたよ。馬ならわかるんだけど、山羊が蹴るとはねえ！　私も腹が立ったから、ゲンコツで思い切り山羊の頭を叩《たた》いてやったんだ。「痛《いた》ッ！」山羊が言ったんじゃあないんだ、私の方が叫《さけ》んだのだよ。まあ、手の骨《ほね》がバラバラになったかと思ったよ。よく見たら、なんと、山羊の頭って、まるで岩《いわ》のように、骨でゴツゴツしているんだ。

その時、山羊がまた鳴いたよ。

「メエー、へ、へ、へ……。」だって！

もう一つ思い出したよ。

夏休みに、田舎《いなか》の親類《しんるい》の家へ遊びに行った時のことだった。名前は忘れたけど、何頭《なんとう》かの大きな豚《ぶた》が小屋《こや》で飼《か》われていたんだ。あんなデッカイ豚は初めて見たんだけど、可愛《かわい》いんだよ。「ブウ、ブウ」言って側《そば》へ寄《よ》ってくるんだ。

背《せ》が低《ひく》いから、背中《せなか》を撫《な》でてやったら、手が油《あぶら》でヌルヌルになってしまった。

そのうち、ちょっと背中に乗ってみたくなったんだ。ところがだ、背中にまたがった瞬間《しゅんかん》、「グシャッ」と、豚が腹這《はらば》いになって、私は豚の背中から転《ころ》げ落ちたんだよ。

「何だよ、デカイ身体《からだ》のくせに！」そう思って、ふと豚の足を見たら、無理《むり》ないよなあ、ほんとに細《ほそ》くて、短《みじか》い足なんだ。

あの時の鳴き声は、いつもとは違《ちが》っていたようだった。「ヒェー」とか「イヤーン」って聞こえたように思うよ。

ところで、もし動物の声が人間に理解《りかい》できるようになったら、おもしろいだろうねえ。

人と動物が互《たが》いにお話して、とても楽しいと思うよ。彼《かれ》らからいろいろ教えてもらうことも出来《でき》るし、人間がかってに自然《しぜん》をこわしたり、汚《よご》したりしているのを見て、「そんなことをしてくれたら困るよ。」って、文句《もんく》を言うかも知れないし……。

3. 西ハタヤケ？

ケンちゃん、何だか元気なさそうだね。どうかしたの？

「算数で分数習《なら》ったけど、クラスで分からないのは、ボクだけみたい。」だって？ それで、がっかりしてるのかい。

その気持ち、よくわかるなあ。


あれは、国語の教科書だった。授業《じゅぎょう》で読まされるから、前の晩《ばん》、練習《れんしゅう》していたんだけど、何だか意味《いみ》がさっぱりわからないんだ。以前《いぜん》は、カタカナから習《なら》っていて、少《すこ》し漢字がまじっていたよ。

「西ハタヤケ」二、三回読んだけど「西はたやけ」。何だ、こりゃあ。

「お母さん、ちょっと教えてよ。」

「今、忙《いそが》しいから、ダメ。自分で何回も読んだら、自然《しぜん》にわかるから。」

仕方《しかた》がないから、言われたとおり何度《なんど》も繰《く》り返《かえ》しているうちに、とうとう私の頭の中は？―クエスチョン・マーク―だらけになってしまった。

後《あと》でわかったんだけど、カタカナの「タ」と、漢字の夕方《ゆうがた》の「夕」が、同じ大きさで印刷《いんさつ》してあったし、まだ「夕方」という字は習っていなかったんだよ。

時計《とけい》の読み方《かた》でも、恥《は》ずかしい思いをしたよ。

長針《ちょうしん》の場合《ばあい》は、数字が五分間隔《かんかく》になっているから、数字掛《か》ける五倍、ということを知らなかったので、数字が一なら一分、二なら二分と答えて、みんなから何度も笑《わら》われたんだ。だって、その頃《ころ》、私は時計を持《も》っていなかったし、第一、私の生活には必要《ひつよう》なかったものね。

ところが、こんな私でも、気がついてみたら、いつの間《ま》にか、算数や数学《すうがく》が得《とく》意《い》になっていたし、本を読むのも大好《だいす》きになっていたんだよ。

ケンちゃん、焦《あせ》らずにがんばってみてよ。

4. 練習《れんしゅう》の効果《こうか》

あれ、今日《きょう》はミヨちゃんも浮《う》かない顔をしているね。

「せっかく練習して行ったのに、国語の時間にうまく読めなかった。」って？

それって、決《けっ》してミヨちゃんだけではないんだ、誰《だれ》にでもあることなんだよ。

大人《おとな》にだってね。

ミヨちゃんと同じ思いを、私も何回か経験《けいけん》しているんだ。

家でじゅうぶん読みこなして、自信《じしん》をもっていたのに、みんなの前で読んでいるうちに、なぜか混乱《こんらん》してしまって、もうボロ、ボロ。しまいに、どこを読んでいるのかさえわからなくなって、顔は真《ま》っ赤《か》、汗《あせ》がタラタラ……。ホント、われながら情《なさ》けなくなったよ。

音楽で、歌《うた》うテストの時も、そうだった。私の前に歌った人が、歌詞《かし》を間違《まちが》えたら、私も釣《つ》られて、変《へん》な歌い方になってしまった。きっと、緊張《きんちょう》していたんだと思うよ。もちろん、成績《せいせき》はダメ！　それは、私が特《とく》に好きな歌だったのに……。

子どもだけじゃあないんだ。大人の人だって、挨拶《あいさつ》なんかの時、シドロモドロになっている姿《すがた》を、時々《ときどき》見かけるよねえ。

よく言われるのが試合の場《ば》。「上《あ》がってしまって、普段《ふだん》の実力《じつりょく》が出せないうちに、試合に負けてしまった！」

どうして、こんなことが起《お》こるんだろうね。

口惜《くや》しいから、私もあれこれ考えてみたんだ。そしたら、二つの点が浮《う》かんできた。

一つは、そう言った場《ば》とか、雰囲気《ふんいき》に慣《な》れるために、たくさん経験《けいけん》を積《つ》むこと。

もう一つは、研究《けんきゅう》しながら練習を続《つづ》けて、自信のもてる技術《ぎじゅつ》を身《み》につけること。

もちろん、それ以外《いがい》に、体力《たいりょく》と精神力《せいしんりょく》を高める努力は必要《ひつよう》だ。

こんなことを頭に入れて、いろいろやっているうちに、いつの間《ま》にか、多くの人の前でお話するのが、苦《く》にならなくなってしまった。

ところが、あるスポーツの試合で、妙《みょう》なことが起《お》こったんだよ。

自分の全《すべ》てを懸《か》けて競技《きょうぎ》しながら、「もうこれ以上は無理《むり》だ。」と思った時、何か外《ほか》から力《ちから》が働いて、倒《たお》れそうになっていた身体《からだ》が、急に楽《らく》になったんだ。だから、また元気が出て、結局《けっきょく》、入賞《にゅうしょう》してしまった。

神様が力を貸《か》して下《くだ》さったのだろうか、ほんとに不思議な体験《たいけん》だったよ。

5．ツク、ボシ？

やあ、今日《きょう》は二人《ふたり》揃《そろ》って来てくれたんだね。「土曜日だから、昼からお休み。」

だって？

「この前、おじさんのお話聞いて、少し気持ちが落ち着いた。」って?

そうかい、そうかい、そうりゃあうれしいねえ。


ところで、ミヨちゃんに話していた「練習」のことだけど、人間だけじゃあないんだ。他の生《い》き物《もの》たちも、それぞれ熱心《ねっしん》に練習しているんだよ。

テレビなんかで見たと思うけど、熊《くま》の子どもが、母熊《ははぐま》に教えてもらいながら、川で魚を捕《と》っている場面《ばめん》があっただろう。初めは、なかなかうまくいかない。失《しっ》敗《ぱい》ばかり。とうとう足を滑《すべ》らして、ザブーン。川にはまって、「おお、寒《さむ》!」そんな表情していたね。

狐《きつね》の子どもも、一生懸命《いっしょうけんめい》、野《の》ネズミを追《お》いかけているうちに、前をよく見ていないから、ゴツン。木の幹《みき》で頭を打って、クラクラ。そのうち、ネズミに逃《に》げられてしまう。

しかし、かれらはこれが出来ないと、生きて行けないんだよ。ほんとにキビシイね。

あれは、去年《きょねん》の春のことだった。

朝、顔を洗っていたら、変《へん》な鳴《な》き声《ごえ》が聞こえてきた。「ホケ、ホケ、ケキョ」おかしいなあ、そう思って声のする方へ行ってみたら、やっぱり鶯《うぐいす》だ。

「きみ、違《ちが》うだろ。ホーホケキョだよ。」

そう言ってやったら、しばらく私の顔を見ていたけど、どこかへ飛んで行ってしまった。

それから、四《し》、五日《ごにち》経《た》った早朝《そうちょう》、まだ寝床《ねどこ》にいた私の耳に、清々《すがすが》しい声が飛び込んで来た。「ホー、ホケキョ」おお、すばらしい、と思って、そっと窓を開けたら、この前に見た鶯が、同《おな》じ木で鳴いているんだ。

「キミ、上手《じょうず》になったね。すごいよ。」

そう言ったら、鶯もうれしそうに、しばらくの間《あいだ》、良い声を聞かせてくれたんだ。

きっと、どこかで、一生懸命《いっしょうけんめい》、練習してきてくれたのだと思うよ。

暑《あつ》かった夏も、やっと終わりに近づいた頃《ころ》、それまでの油蝉《あぶらぜみ》にかわって、ツクツクボーシが鳴《な》き出すだろう。どうして彼らには、この時期《じき》が分かるのか、不《ふ》思議《しぎ》だねえ。

「ツク、ツク、ボシ、ツクーシ」

まだ、うまく鳴けないんだ。

「こら、へたくそ。ツク、ツク、ボーシだろ。」

暑さで、いらいらしていた私は、裏《うら》の木の蝉に、こんな乱暴《らんぼう》なことを言ってしまった。すると蝉は、恥《は》ずかしそうに、幹《みき》の裏側《うらがわ》へかくれてしまったんだ。

二《に》、三日《さんにち》過ぎた頃、私は見事《みごと》に鳴く蝉の声に気がついた。

「うまい！　その調子《ちょうし》だ！　キミの声は涼《すず》しいよ。この前、ひどいことを言ってゴメン。」

思わず私はつぶやいていた。

何回《なんかい》も、何回も、熱心《ねっしん》に練習したのだろうね。

6. 富士山《ふじさん》と大木《たいぼく》

今日《きょう》はケンちゃん、うれしそうだね。何か良いことあったの？

「初めて新幹線《しんかんせん》に乗せてもらって、富士山がきれいに見えた。」って？

それは良かったね。私も新幹線に何回か乗ったけど、富士山がすっきり見えたのは、二回ぐらいしかなかったよ。季節《きせつ》と、気象条件《きしょうじょうけん》によるんだね。ほんとに見事《みごと》な姿をした山だろう。高さも日本一なんだけど、山裾《すそ》の広がりが、どんなに大きいか、知っているかい？　試《ため》しに、地図帳で調べてみたら？　薄茶《うす》色と等高線《とうこうせん》で示《しめ》されているから、すぐに分かるよ。

きっと、びっくりすると思うけど、それだけ広い裾野《すその》があってこそ、あれだけ高い山を支《ささ》えることが出来るんだよ。

この前、ケンちゃんたちが遠足《えんそく》して、「大きな木の下で、お弁当を食べた。」って、言っていたね。「三人で手をつないで、やっと幹《みき》を抱《かか》えることが出来た。」って、驚《おどろ》いていただろう。

強風《きょうふう》や地震《じしん》、そして、ずっしりと重い雪にも耐《た》えてきたんだよ。その大木を支えるために、どんなに深く、広く、根を地中《ちちゅう》に張《は》りめぐらせていることか、想《そう》像《ぞう》できるだろう?


人間の場合《ばあい》も同じだ、と思うんだ。

普段《ふだん》から、まじめに、根気《こんき》よく、いろいろなことを学《まな》んでおくことが大切《たいせつ》だよ。

ケンちゃんが、未来《みらい》の目標《もくひょう》を見つけて進んで行く時、きっと、若い頃に学んだことが、役に立つ事《こと》があるだろうし、また、形を変《か》えて、栄養分《えいようぶん》になるはずだ、と信じているよ。

7. 暑《あつ》い、暑い!

ひどい暑さだね。さあ、冷《ひ》えた西瓜《すいか》だよ。みんなで食べよう。

「教室の中は、もう蒸《む》し暑くて、勉強にならない。」って？　そうだよねえ。どうして、今時《いまどき》、日本の学校に、エアコンぐらい入《はい》らないのかねえ。世界で最《もっと》も豊《ゆた》かな国の一つなのに！

ところで、ミヨちゃん、ケンちゃん、こんなこと考えた事ある？

「太陽の光を、電気に変《か》えることが出来るのに、どうして、その熱《ねつ》を電気に変えられないのだろうか？」

多分《たぶん》、世界中の科学者《かがくしゃ》たちが、そのための研究をしているに違いない、と思うんだけど……。

もしこれが実現《じつげん》したら、そりゃあ、きっとすごいことになると思うよ。熱をそのまま電気に変えて、利用《りよう》してもよいし、出来たら、蓄電池《ちくでんち》のような形で蓄《たくわ》えられたら、もっと便利《べんり》なことは間違《まちが》いない。

世界中の自動車から、もう排気《はいき》ガスは出ないし、現在の発電所《はつでんしょ》が抱《かか》えている問題も解決《かいけつ》されるだろう。

木を切って、薪《まき》にする必要はないし、熱帯《ねったい》や砂漠地帯《さばくちたい》では、あり余《あま》る熱を蓄電して、寒冷地帯《かんれいちたい》の人々に分《わ》けてあげられる。もちろん、自分たちも、その電力を利用して、生活の改善《かいぜん》が出来るだろう。

日本の私たちは、夏の間は、熱変換《へんかん》の電気で、エアコンを回して部屋《へや》を涼《すず》しくしながら、他方《たほう》では、冬に備《そな》えて、蓄電しておく。

大容量《だいようりょう》の蓄電池があれば、工場の機械《きかい》さえ動かすことが出来る。

そして、なるべく、小型《こがた》で、軽《かる》くて、安価《あんか》で、その上、性能《せいのう》の良いことが望《のぞ》まれる。

近い未来に、きっと可能《かのう》になると思うよ。

キミたち、もし興味《きょうみ》があったら、研究してみないかい?

8. 着衣《ちゃくい》で泳《およ》げる？

「やっと、二十五メートル泳げるようになった。」って？　ミヨちゃん、努力《どりょく》したんだね。

ケンちゃんはどう？「もう少し泳げる。」って？　それを聞いて、安心したよ。

「どうして、安心。」かって？

それはね、私は小学生の頃、よく川や池《いけ》にはまったんだよ。魚釣《つ》りや、トンボを追《お》いかけたりしているうちにね。やっぱり、夢中《むちゅう》になって、足元《あしもと》をよく見ていなかったんだと思うよ。

田舟《たぶね》を漕《こ》いでいるうちに、櫓《ろ》がはずれて、「アッ」という間《ま》に、川に落ちたり、ヨットに乗っていて、突風《とっぷう》を受《う》けた瞬間《しゅんかん》、艇《てい》が倒《たお》れて、湖《みずうみ》に投げ出されたり……。

何回も、こんなことを経験しているんだよ。

「よく助かったね。」って?

そうなんだよ。しかも、水に落ちた時は、いつも服を着て、靴《くつ》も履《は》いたままだった。それなのに、あまり慌《あわ》てたおぼえはないんだ。

それはね、私には、着衣のままでも泳げる自信があったからだよ。

いつか川にはまった時、そこは浅《あさ》かったんだけど、ふと思いついたんだ。

「もし、ここが深《ふか》かったら?」

それで、ちょうど、服も靴も濡《ぬ》れていたから、そのままの格好《かっこう》で、泳ぐ練習をしたんだ。平泳《ひらおよ》ぎ—ブレストストローク(蛙《かえる》泳ぎ)—が一番楽《らく》だ、ということがわかってきた。

少し深い所で、立ち泳ぎをしながら、服や靴を身体《からだ》からとり外《はず》すことも、出来るようになってきたんだよ。そして、脱《ぬ》いだ物を首に巻《ま》いて、岸《きし》へ泳ぎ着《つ》く。

言っておくけど、こうして自信がついたから、何回も水に落ちた訳《わけ》ではないんだ。よく注意して、川や池にはまらないことが第一なんだよ。

それから、水の怖《こわ》さも知っておく方がいいと思うよ。

例《たと》えば川なんだけど、大雨《おおあめ》が降った後《あと》の川底《かわぞこ》は、その前とは全《まった》く変《か》わっているし、砂利《じゃり》が見えるほど浅いのに、一メートルも行ったら、もう背が立たない深みになっていたり……。

深さのある湖《みずうみ》や池では、表面三十センチぐらいが暖かいだけで、その下は急に水温が下《さ》がっていたりする。だから、飛び込んだり、沖《おき》へ出て行ったりしない方《ほう》が、安全だと思うよ。

もし、学校のプールで、そんな練習がなければ、家の人といっしょに、遠浅《とおあさ》の湖岸《こがん》や海岸で、着衣のままで、もちろん靴も履《は》いて、泳ぐ技術《ぎじゅつ》を身につけてほしい。

万《まん》が一《いち》の時にそなえてね。

9. 暇《ひま》さえあれば……

もうすぐ夏休みだね。ケンちゃん、ミヨちゃん、何か楽しい計画はあるの？「まだ何も考えてない。」って？

普段《ふだん》は、なかなか取り組めないこと、集中《しゅうちゅう》して継続《けいぞく》する必要のあること、以前《いぜん》から、ぜひやってみたいと思っていたことなど、早めに目標《もくひょう》を立てた方が良いと思うよ。

よくあることなんだけど、暇《ひま》が出来たらやろう、と思っていたのに、暇になってみたら、もう何もする意欲《いよく》がなくなってしまったって。

だから、夏休みが始まって、まだ一週間も経《た》っていないのに、もう毎日、ボーッとして、ダラダラ過ごす人があるだろう。

これは、決して子どもだけではないんだ、大人《おとな》の人にも言えることなんだよ。退職《たいしょく》したら暇ができるから、そしたら、あれもやろう、これもしよう、と思っていた人が、実際《じっさい》は、二、三ヶ月《げつ》で、もう意欲《いよく》を失《うしな》って、何もしなくなってしまう。とうとう、外へ出かけるのも面倒《めんどう》になって、家の中に引きこもってしまったりする。

どうして、こんなことが起《お》こるんだろうね。

忙《いそが》しくしている時は、自然に、身体《からだ》や気力《きりょく》、それに頭の働きが、ウォーミングアップできているに違いない。だから、ちょっと新しいことに手を出しても、割《わり》合《あい》、簡単《かんたん》にできてしまうことがある。

だから、夏休み（や退職）の少し前から、ボチボチ取り組み始めたらどうだろう。そして、自分で、ある程度《ていど》しっかりした日課《にっか》——一日の過ごし方《かた》——を、決《き》めて守ることが大切《たいせつ》だ、と思うよ。

10. 自由の怖《こわ》さ

やあ、いらっしゃい。とうとう夏休みに入ったね。
ところで、この前、キミたちに話したように、日課どおり進んでいる？
「うまくいっている。」って？　立派《りっぱ》だねえ。
「時々、朝寝坊《あさねぼう》したくなるけど、思い切って起きる。」ってかい？　それはえらいね。
何をしようと自由だからって思うと、つい生活が乱《みだ》れがちになるんだよ。

キミたちは、今自由で、他の人の迷惑《めいわく》にならない限《かぎ》り、何でも思うままに出来るんだけど、人間がこの自由の権利《けんり》を手に入れるまでに、何百年もかかっているんだよ。しかも、多くの血《ち》と汗《あせ》と、そして涙《なみだ》を流しながら。

もう学校で習《なら》ったの？　「まだ。」だって？

領主《りょうしゅ》や権力者《けんりょくしゃ》の下《もと》で、一般《いっぱん》の人々《ひとびと》は、とても苦しんでいたんだ。もちろん、自由なんてほとんど無《な》かった。今から思うと、全《まった》くあきれるくらい制限《せいげん》されていたんだよ。

自由獲得《かくとく》の運動、時には戦《たたか》いが、大体《だいたい》、一六〇〇年代に、ヨーロッパで始まった。

日本でも、明治時代から全国的に拡《ひろ》がって、本当に自由を手にしたのは、わずか五十年前、第二次世界大戦《だいにじせかいたいせん》が終わってからなんだ。

世界中には、まだ、自由の権利を得《え》ていない人々が、たくさんいるんだよ。

せっかく、こうやって手にした自由なのに、その大切さの分かっていない人が多いんだ。

一つは、自分さえ良ければ、という態度《たいど》。勝手《かって》気ままに行動《こうどう》して、他人を困《こま》らせても平気《へいき》な人。結局《けっきょく》、回《まわ》り回って、自分も困るのに！

もう一つは、努力して、自分を向上《こうじょう》させようとしない人。

自分を高めようとしたら、辛抱《しんぼう》して、根気《こんき》よく取り組まなければならない。しかし、その結果《けっか》、何かが分かった時の感動《かんどう》、やっと出来るようになった時の充《じゅう》実感《じっかん》こそ、何ものにも代《か》え難《がた》いと思うよ。

このような、時にはつらい努力から逃《に》げて、どんどん楽《らく》な方へ落ちて行ってしまう。生き甲斐《がい》も感じられない。

そんな時になって、文句《もんく》を言っても、誰《だれ》も聞いてはくれないだろう。なぜって、自由の裏《うら》には、必《かなら》ず自己《じこ》の責任《せきにん》が、ついて回るんだから。

自由ほど、怖いものはないいんだよ。

11. 鼻クソと顕微鏡《けんびきょう》

やあ、久《ひさ》しぶりだね、ケンちゃん

「科学館《かがくかん》へ行って来た。」って？

それで、「顕微鏡の扱《あつか》い方《かた》を教えてもらって、いろんな物を見ておもしろかった。」って？　それはよかったね。人の目では見えないものまで、はっきり見えるものね。

それで、思い出したよ。

ある小学生の男の子が、ねだって、やっと顕微鏡を買ってもらった。そんなに倍率《ばいりつ》の高いものではなかったけれど、自分で操作《そうさ》出来るようになって、もう、うれしくて、うれしくて……。

それで、学級担任の先生に、そのことを話したら、先生、何て言ったと思う?

「お母さんの、鼻クソ調《しら》べたら?　変《へん》なものが見えるよ。」だって。この先生、ほんとに冗談《じょうだん》が好きなんだ。

反対《はんたい》に、この小学生は、超《ちょう》まじめ。

「お母さん、鼻クソ、出して。」

「鼻クソだって!?　お母さんは、そんな不潔《ふけつ》ではありません!　いったい、どうしたって言うの?」

仕方《しかた》がないから、そのいきさつを全部《ぜんぶ》、お母さんに話してしまった。

「アホらしい！　こんなことなら、顕微鏡なんか、買うんじゃなかった！」

とうとう、おこられてしまったんだよ。


ケンちゃんも、何かで見て知っている、と思うけど、電子《でんし》顕微鏡などを使えば、ものすごく小さい細菌《さいきん》まで見えるんだね。

もしこんなのが肉眼《にくがん》で見えたら……。

食べ物の上や、空気中《ちゅう》に、細菌がウジャ、ウジャ！　もう、食事するのも、呼《こ》吸《きゅう》するのもいやになって、生きることさえ困難《こんなん》になってしまうだろう。もちろん、人間にとって、大切な細菌もいるんだけれど。

考えてみたら、人間って、うまくできている、と思うよ。

12. 不思議《ふしぎ》なこと

ミヨちゃん、よく日焼《ひや》けしたね。健康《けんこう》そうでいいよ。

「毎日、泳ぎに行ってる。」って？　バタフライの練習に取り組《く》んでいるのかい？　あの泳ぎ方《かた》は難《むつか》しいねえ。私もやってみたけど、とうとうものにならなかったよ。

やあ、ケンちゃんも来てくれたのかい。キミもよく、焼けたね。

この前、ケンちゃんは、科学館へ行ったって、話していただろう。

それで、今日《きょう》はね、普段《ふだん》は見過《みす》ごしたり、当《あ》たり前《まえ》だと思っていることで、ちょっと考えたら、やっぱり不思議だ、と思われる内容《ないよう》を、お互《たが》いに出し合ってみないかい？

○太陽系《たいようけい》の星は、なぜ円《まる》い？

ほんとうだね。私たちの地球も含《ふく》めて、太陽の周囲《しゅうい》を回っている天体《てんたい》は、みんな球形《きゅうけい》をしているね。

ものすごい遠くまで見える望遠鏡に、写《うつ》っている星も、みんな円いよね。三角や、四角の星って、見たこともないものね。どうしてだろう？

○宇宙《うちゅう》の突《つ》き当《あ》たりは、どこ？

現在、最《もっと》も優《すぐ》れた、天体観測用《かんそくよう》の望遠鏡って、何億光年《なんおくこうねん》も先が見えるんだってね。それを使っても、まだ宇宙の果《は》ては見えてこないって。

光は、一秒間に三十万キロメートル、地球の周《まわ》りを、七回半も進むんだろう。一光年《こうねん》って、光が一年かかって進む距離《きょり》なんだ。気が遠くなりそうだね。しかも、それが何億光年だって！

○キリンの首は、なぜ長い？

高い所にある木の葉を食べるため、だって？　じゃあ、どうしてあんなに、首が長くなったのだろう。大昔《おおむかし》から、そうだったのか、それとも、何万年もかかって、現在のような姿になったのか。

御先祖様《ごせんぞさま》の遺言《ゆいごん》を、代々守《だいだいまも》って、「首が長くなりたい、もっと長くなりたい。」って、望《のぞ》んでいるうちに、本当に、長くなってしまったのだろうか。

○真《ま》っ赤《か》なナスビは、なぜ出来ない？

ナスビの実《み》って紫色《むらさきいろ》をしているね。濃《こ》いのや、薄《うす》いのはあるけれど。

しかし、どうして、熟《じゅく》したトマトのように、赤い実《み》が出来ないのかなあ。もちろん、そんな色のナスビを食べるのは、初めのうちは気持ち悪いと思うよ。遺伝子《いでんし》の情報《じょうほう》を受けているからだ、とは思うけど、ほんとに不思議だねえ。

「おまえは、紫色の実《み》になるんだよ。」

○木の葉の形と大きさは、なぜ一定《いってい》?

いろんな木があるんだけど、種類《しゅるい》によって、木の葉の形と大きさは、見事《みごと》にきまっているよね。特《とく》に変《か》わった形や、大小さまざま、というようなことはないだろう。

やっぱり、遺伝子によると思うんだけど、

「キミの形はこれ、大きさは、ハイ、そこまで。」ってね。

もうすぐ、核《かく》とか、染色体《せんしょくたい》、それに遺伝子について学習するはずだよ。

○草だけ食べて、なぜ生きている?

野生《やせい》の動物で、草しか食べないのがいるだろう。よくあれで、栄養失調《えいようしっちょう》にならって、倒《たお》れないものだね。

私たち人間は、ありとあらゆる物を食料《しょくりょう》にして、身体《からだ》の健康を保《たも》っているのに……。

ただの草だ、と思っていたけど、よく調べてみると、まあ、いろんな栄養分《えいようぶん》が含《ふく》まれているんだって。

人間と、そのような動物たちとの、消化《しょうか》の仕組《しく》みなど違っているから、今日から草だけ食べよう、と言う訳《わけ》にはいかないけれど。

○難病《なんびょう》って、何のこと

「親類《しんるい》の人が、難病で困《こま》っている。」って？

それはお気《き》の毒《どく》だね。大変《たいへん》なんだよ。

どうして発病《はつびょう》するのか、その原因《げんいん》がよく分かっていないらしいんだよ。したがって、その治療法《ちりょうほう》も確立《かくりつ》されていないし、適《てき》する薬も開発中《かいはっちゅう》だって、お医者さんから教えてもらったことがあるんだ。しかも、完全《かんぜん》に治《なお》るのは難《むつか》しいんだって。

もちろん、多くの人たちが、その研究に熱心に取り組んでいるから、お陰《かげ》で、少しずつ解明《かいめい》されてはいるんだけれど……。

○死んだら魂《たましい》（心）は、どこへ？

何だか、深刻《しんこく》な話になってきたね。

私は、まだ死んだことがないから、分からないし、第一、死んだ人が、「死んだら、こうなりますよ。」って、教えてくれたことはないしねえ。

仕方《しかた》がないから、人々は昔から、こんなふうに考えてきた、と思うんだよ。

身体《からだ》は、自然の世界に還《かえ》る。しかし、魂《たましい》まで無《な》くなってしまうとは、どうしても思えない、いや、思いたくはない!

それで、人は死んだら、仏様《ほとけさま》の世界や、天国《てんごく》へ行くとか、お星様になる、と信じてきたようだ。中には、この世《よ》に残《のこ》って、ウロウロするんだ、と言う人もいるし……。

「私の場合《ばあい》は、どれか。」って?

そうだねえ、私の親《した》しい人が、天国で待《ま》っていてくれる、と思うから、できたらそうしたい、と願《ねが》ってはいるんだけれど……。

13. ダチョウに、帽子《ぼうし》取られた！

ミヨちゃん、友だちと動物園《どうぶつえん》へ行ったんだって？　それは良かったね。

えっ、「ちっとも、良くない。」って？

それはまた、どうして？

午前中は、いろいろな動物を見たり、飼育係《しいくがかり》の人から、おもしろいお話をしてもらって楽しかったし、木陰《こかげ》の涼しい所で、おしゃべりしながら、お弁当を食べて、幸《しあわ》せいっぱいだったんだね。

ところが、午後になって、フェンスの近くでダチョウを見ていたら、いきなり、ダチョウの首が、ニューっと伸《の》びてきて、アッと言う間《ま》に、ミヨちゃんの帽子をくわえて、行ってしまったんだって？

「お気に入りの、大事《だいじ》な帽子なのに！」

それで、どうしたの？

飼育係の人に頼《たの》んで、取り返《かえ》してもらったって？　ホッとしたけど、ダチョウがくわえたから、

「クシャ、クシャになってしまったの。」

それは、それは、残念《ざんねん》だったね。

「可愛《かわい》かったダチョウが、憎《にく》らしくなった。」って？

「金網《かなあみ》に、大きな穴が開《あ》いているなんて！」

ミヨちゃんが、腹《はら》を立てる気持ちは、よくわかるけど、まあ、そんなにおこらないで。

「ダチョウも、ミヨちゃんの帽子が、とても気に入っていた。だから、一度《いちど》、かぶってみたかった。」と思ってみたら？

それに、頭に大《おお》けがした訳《わけ》でもないんだし。

金網の破《やぶ》れを放《ほお》っておいたのは、動物園側《がわ》の責任《せきにん》だけれど、ミヨちゃんも、少しは注意した方が良かったかも、ね。

「上の方だから見えなかった。」って?

なるほどね。だから仕方がない、で済《す》まされない場合《ばあい》が、世の中には、たくさんあるんだよ。

お互《たが》いに、知恵《ちえ》を出し合い、注意力《ちゅういりょく》を働かせて、出来る限《かぎ》り、事故《じこ》が起きないようにしなければ、と思うよ。

14. 努力《どりょく》しても、伸《の》びない!?

ケンちゃん、電話をありがとう。用事《ようじ》で外出《がいしゅつ》していたんだけど、「聞いてほしいことがある。」って、何?

「二週間もやっているのに、少しも良くならないんだ。」

ああ、水泳のことだね。思い出したよ。この夏休みの目標《もくひょう》の一つが、タイムに挑戦《ちょうせん》することだって、ケンちゃん、言っていたね。

自分でも、あれこれ工夫《くふう》しながら、練習しているのに、時には、タイムが悪くなることもあって、それで悩《なや》んでいるんだね。

実《じつ》は、私もね、ケンちゃんと同じような経験《けいけん》をしているんだよ。それも、一つや、二つではないんだ。

今もはっきり覚《おぼ》えているのは、中学生の時のことだった。

その頃《ころ》、私は陸上《りくじょう》競技《きょうぎ》の中距離走《ちゅうきょりそう》に熱中《ねっちゅう》していたんだ。目標は、その地域の新記録で優勝《ゆうしょう》すること。

ある程度《ていど》、力《ちから》はついていたんだけど、なかなか目標に届《とど》かない。先生や、先輩《せんぱい》に教えてもらいながら、自分でもいろいろ研究して、放課後《ほうかご》はもちろん、休みの日まで練習したんだよ。

コーナーの回《まわ》り方、風向《かざむ》かいの走り方、雨の中や、走路《そうろ》がぬかるみの時は、どうしたらよいか。疲《つか》れてきたら、歩幅《ほはば》や、手の振《ふ》り方《かた》、呼吸《こきゅう》の仕方は、どれが適《てき》するか、等々《とうとう》。

それで、腕《うで》を鍛《きた》えるために、鉄棒《てつぼう》をしたり、心身の平静《へいせい》を保《たも》つために、ゆっくり泳ぐ練習をしたり、時には、足元《あしもと》の悪い河原《かわら》の砂《すな》の上を走ったり……。

中距離だけれど、普段《ふだん》は、十キロ以上走っていたんだ。持久力《じきゅうりょく》を養《やしな》うためにね。

それだけやっているのに、うまくいかないんだ。

「もう、アカン！　ボクには無理《むり》や。」

そんなことを思いながら、縁側《えんがわ》に座って、雨の降る中庭《なかにわ》を、ボンヤリ眺《なが》めていた時だった。ふと、妙《みょう》なものが、目に入ったんだ。

何と、それは、雨垂《あまだ》れで凹《へこ》んだ、石の穴《あな》だったのだよ。

ほんとに、ビックリしてしまった。

「この柔《やわ》らかい水滴《すいてき》が、一粒《つぶ》ずつ、何十年もかかって、あの硬《かた》い石を……。」

私の場合、本当にもう限界《げんかい》なのか、まだやれることがあるのではないか、そう思ったら、急に元気が出てきたんだ。

「点滴石《てんてきいし》をうがつ」って、立派《りっぱ》な格言《かくげん》が、昔からあった、なんて、ずっと後《あと》で知ったんだよ。

それから間もなく、もう一つ、素晴《すば》らしいものを見たんだ。友だちと、近くの山に登った時だった。松の根《ね》が、大きな岩を割《わ》って、大木《たいぼく》に成長していたんだ。

「スゴイなあ！」

あの時の感動《かんどう》も、忘れられないよ。

他の人たちや、本だけでなく、自然も、いろんなことを教えてくれるんだよ。

努力したら良くなるどころか、逆《ぎゃく》に前よりダメになってしまうことだってあるんだよ。プロの選手でさえ、よくそんなことを言っているだろう。

やり方《かた》が間違《まちが》っている場合もあるし、ジャンプする前に、一度姿勢《しせい》を低《ひく》くして、弾力《だんりょく》で跳《と》び上《あ》がる場面に似《に》ている、とも考えられるよ。

だから、今すぐには、良い結果は出なくても、努力した分《ぶん》だけ、エネルギーが蓄積《ちくせき》されているんだ、と思って、練習を続けてほしい。

ある時、突然《とつぜん》、そのエネルギーが作用《さよう》して、気が付いたら、今までの壁《かべ》を、たやすく乗り越《こ》えていた、といったことがよくあるんだから。

15. 色眼鏡《いろめがね》

ああ、これね。これも、サングラスなんだよ。眼鏡の上にセットするんだ。夏の光は強くて、私のように年齢《とし》をとっていると、ちょっとつらいんだよ。特に、前を走っている車の、ガラスの反射《はんしゃ》は、かなりこたえるんだ。

つい最近まで、サングラスのことを、色眼鏡って、言っていたんだけど、何か変《へん》な感じがするだろう？　あまり良くない意味でね。

「他の人を、色眼鏡でみてはいけません。」って何のことか分かる？


この前、ミヨちゃんが話してくれたことだけど、

「学級の中で、噂《うわさ》が拡《ひろ》がって、仲間外《なかまはず》れになっている人がいる。」って。

その人には、何かいやな性格《せいかく》があって、誰《だれ》も寄《よ》りつかないんだってね。それで、
そんな気持ちで見ていたら、

「やっぱり、本当にそうだ。」

と思えてきたって、言っていたね。

このことなんだよ。人を色眼鏡で見るっていうことは。

黄色い眼鏡をかけたら、ほとんど何でも、黄色に見えるし、赤い眼鏡なら、赤く見えてしまう。本当は、もっと違った色なのに！

だから、大切なことは、人の噂《うわさ》に惑《まど》わされないで、澄《す》んだ目で、澄んだ心で、人や物を見ることなんだよ。

そうすることによって、その人の本当の姿や、良い点が見えてくるんだ。そして、良い点は、ほめてあげたり、自分も参考《さんこう》にさせてもらったりしているうちに、いつの間にか、たくさん友達ができている、ことに気がつくと思うよ。

16. 無茶《むちゃ》と冒険《ぼうけん》

ケンちゃん、この前、冷《ひ》や汗《あせ》かいたって?

「近くの山に、友だちと登《のぼ》って、下《お》りる時に、道に迷《まよ》ってしまった。」

それで、時間がかかって、もう薄暗《うすぐら》くなってから、やっと麓《ふもと》の道へ出られたってね。

不安《ふあん》と焦《あせ》りで、混乱気味《こんらんぎみ》だったと思うけど、よく二人で力を合わせたね。

しかし、その程度《ていど》で済《す》んで、良かったと思うよ。

山の頂上《ちょうじょう》から、何本にも分《わ》かれて、尾根筋《おねすじ》の出ている所があるんだ。下山《げざん》の方向は、大体《だいたい》この尾根《おね》を伝《つた》って行ったら、と思って、気がついた時は、とんでもない場所に迷《まよ》い込《こ》んでいた、ということがよくあるんだよ。

もちろん、私も経験済《けいけんず》み。もうちょっとで、大騒《おおさわ》ぎになる所だった。

特に、千メートルを越《こ》える山は、充分《じゅうぶん》な準備《じゅんび》と、細心《さいしん》の注意が必要だ。

登山《とざん》が好きだった私は、それまでに、いくつかの山に登って、知識《ちしき》や経験、それに体力を身につけていたはずだったのに……。

下山《げざん》のルートのために、頂上で尾根を選《えら》ぶ時、五万分《ごまんぶん》の一の地図と磁石《じしゃく》を使い、自分の目でも周囲《しゅうい》を確《たし》かめたのに、途中《とちゅう》で「これは変《へん》だ。」と気がついたんだ。

結局《けっきょく》、隣《となり》の尾根と間違っていて、もうその時は、谷《たに》が深く、その上、急傾斜《きゅうけいしゃ》で、とても隣へは移《うつ》れないんだ。仕方がないから、また、頂上へ向かって、引き返さなければならなくなってしまった。

村道《そんどう》に下《お》り立った時、もう辺《あた》りは、暗くなっていたよ。

今は、登山道がつけられているらしいんだけど、その当時《とうじ》、この山には、そんなものは無《な》かったから、土地の人に聞いたり、地図で調べたりして、ルートを決《き》め、予定《よてい》時間を設定《せってい》しておいたんだ。万一《まんいち》に備《そな》えて、食料や薬品等《やくひんとう》、かなりの物も準備していたんだ。

そこは、冬には四メートルぐらい雪が積《つ》もるし、熊《くま》、猪《いのしし》、猿《さる》、鹿《しか》などが住んでいる、ということまで、頭に入れておいたんだよ。

だから、私の場合は、無茶《むちゃ》ではなくて、冒険《ぼうけん》をしたつもりなんだ。

「事前《じぜん》に、しっかりと準備して、危険《きけん》はあっても乗り越《こ》え、目的を果《は》たして、帰って来る。」

これが冒険というものだろう?

無茶と言うのは、計画も準備もしないで、出たとこ勝負《しょうぶ》で行動《こうどう》して、ひどい場合は、命さえ失《うしな》ってしまう。

さて、ケンちゃんの場合、どちらにはいるのかな?

17. パンクした!

ミヨちゃんは、時々《ときどき》、お友達とサイクリングしているんだってね。

「サイクリング専用の道路だから、安心して走れる。」って?

近くにそんな道路があって、良かったね。

「この前、途中で、自転車がパンクして、困ったの。」

それで、ずっと自転車を押《お》して、歩いて帰ったんだって？　それは、大変だったね。

「だけど、いいこともあった。」ってかい？

いつも通っている道なのに、歩いていたら、知らなかったものが、いくつか見つかったってね。それで、自転車を止《と》めて、ちょっと探検《たんけん》したの？　帰るのが、遅《おそ》くなっただろう？

「そう。お母さんに、叱《しか》られた。」

お母さんを心配《しんぱい》させたけど、ミヨちゃん、良いことを体験《たいけん》したんだよ。

聞いたことがあると思うけど、速度《そくど》と視野《しや》は反比例《はんぴれい》するんだって。スピードが上《あ》がるほど、見える範囲《はんい》が狭《せま》くなるらしいよ。

だから、普段《ふだん》、車で走っている所を、自転車に乗り換《か》えたら、それまで気がついていなかったものが見えてくるし、自転車を下《お》りて歩いたら、ミヨちゃんのようなことが起《お》こるんだよ。

歩いている途中《とちゅう》で、道草《みちくさ》したら、もっといろんなことが、分かってくる、と思うよ。


実《じつ》は、このことはね、人生《じんせい》にも当《あ》てはまる場合があるんだよ。

自分の目標に向かって、一直線《いっちょくせん》に突《つ》き進むことは、大切だけれど、もし、途中で、行き詰《づ》まっても、決して慌《あわ》てることはないんだ。

少々《しょうしょう》回り道をして、時間がかかっても、かえって、後《あと》になって、その方が良い結果《けっか》を生む、ということがよくあるんだ。

道草《みちくさ》している間に、いつか役に立つようなことを、学《まな》んでいるのかも知れないね。

18. 虹の中に入ったら?

「わあー、きれいな虹!」

ほんとだ、きれいだねえ。

「虹の端《はし》っこに、家がある。あそこの家の人は、虹が見えるのかなあ?」

それは無理《むり》だ、と思うよ、ケンちゃん。虹って、太陽の反対側《はんたいがわ》に見えるんだろう? 空気中の水滴《すいてき》に、太陽の光が当たって、出来るんだね。

「アッ、ケンちゃんの身体《からだ》から、虹が出ている!」

「ほんとう? ボクには見えないけど。」

「幸《しあわ》せの虹が見えるんだよ。」

「なーんだ、ビックリした。」

やあ、ごめんね、驚《おどろ》かせて。

人間って、自分が幸せな時は、なかなかそのことが分からなくて、後になってから、

「ああ、あの頃《ころ》、私は幸せだったのだ。」

ということになるらしいよ。

経験を積《つ》んで、深く物事《ものごと》を考えるようになったら、自分から出ている、幸せの虹が見える、と言う人もいるよ。

それに、他の人の幸せの虹を見て、感動したり、慰《なぐさ》められたり、元気づけられたり、することもあるんだって。

だから、ケンちゃんの幸せの虹が、いつまでも続くことを、私は願《ねが》っているん

だよ。

19. 円《まる》い石

きれいな石だね。どこで拾《ひろ》ってきたの？

「この前、家族でハイキングして、河原《かわら》で見つけたの。海岸で拾ったのと、混《ま》じってしまった。」

川沿《ぞ》いの道を、上流《じょうりゅう》から下流《かりゅう》まで歩いたんだって？　ミヨちゃんがんばったね。

「でも、そんなに疲《つか》れなかった。」って？

林の中の道で、涼《すず》しかったし、途中《とちゅう》で何回か、河原に下《お》りて、休んだり、水の中へ入って遊んだりしたんだってね。お弁当も水辺《みずべ》で食べて、おいしかったって？

「澄《す》んだ水の中に、泳いでいる魚も見えたし、谷間《たにま》に聞こえてくる鳥の声が、とても可愛《かわい》かった。」

蝉《せみ》も、いっぱい鳴いていた、そうだね。山の緑が、活《い》き活きしていたって？

その情景《じょうけい》が、目の前に浮《う》かんでくるよ。私も、一緒《いっしょ》に行きたかったなあ。

ところで、ミヨちゃんね、違った場所で拾った石が、ゴチャ混《ま》ぜになったって、言っていただろう？　河原のと、海岸のとがね。それって、大体見分《みわ》けがつくよ。河原の石は、まだ少し角《かど》があるけど、海岸のは、ほとんど円くなっているからね。

どうしてか、分かるだろう？

上流の石は、山の岩が割れたり、欠《か》けたりして、角《かど》だらけで、ゴツゴツしているけど、水で押《お》し流されているうちに、お互いにぶつかったり、擦《こす》り合ったりして、だんだん角《かど》が取れてくるんだ。そして、海岸に着《つ》く頃には、もうほとんど、円くなっている。波《なみ》の力で、また何千回も、小石同士《どうし》が擦《こす》り合って、見事《みごと》な円い石が出来上がる。

まあ、簡単《かんたん》に説明したら、こんなふうになる、と思うけど、実は、このことは、人間にも当てはまるんだよ。

「あの人は、だいぶ角《かど》が取れてきた。」

こんな言葉を、ミヨちゃん、聞いたことがあるだろう?

長い人生の間に、苦労《くろう》して、努力して、深く考えるようになって、もともとその人が持っていた、あまり好《この》ましくない点を、克服《こくふく》した姿を言うんだよ。

反省《はんせい》して、自分の良くない所を、削《けず》り取るんだから、そりゃあ、時には痛《いた》いし、つらいこともあるだろうけど、人間として成長《せいちょう》するためには、必要な事《こと》だ、と思うよ。

20. 分母と分子

ケンちゃん、分数のことが気になっていたんだけど、うまく行ってる?

「かんたんな応用《おうよう》問題なら、解《と》けるようになったんだ。」

そうかい、うれしいねえ。それにしても、よくがんばったね。

分数には、真《しん》分数と、仮《か》分数、それに帯《たい》分数があるよね。それで、思うんだけど、分数の基本《きほん》は、やっぱり真分数なんだね。仮分数は、頭でっかちで、不安定《ふあんてい》。だから、帯分数に直《なお》すんだね。

分数の意味が分《わ》かったら、もう計算の仕方《しかた》は易《やさ》しいだろう?


ところで、分数を人間に当てはめてみたら、どうなるんだろうね。

分母が人格《じんかく》、分子が知識《ちしき》や技術《ぎじゅつ》、と考えてみたらどうだろう。

世《よ》の中には、豊富《ほうふ》な知識や、すぐれた技術を持っている人がいるね。それなのに、あまり尊敬《そんけい》されていない人もいるんだよ。

「技術は素晴《すば》らしいけど、人格がねえ。」

こんなことを言われて、評判《ひょうばん》が悪いんだ。

どうやらこの人は、人間として一番大事《だいじ》な人格を、養《やしな》うことを忘れていたようだ。

高い地位《ちい》についたり、技術面でほめられただけで、「自分はエライんだ!」と錯覚《さっかく》——思い違い——しているんだね。

前にも言ったように、頭でっかちの仮分数になって、倒《たお》れてしまう。その上、分母＝人格が頼《たよ》りないと、それこそ、糸の切れた凧《たこ》のように、どこへ飛んで行くのか、予想《よそう》もつかなくなってしまう。

分子＝知識や技術だけで、その人を評価《ひょうか》——判断《はんだん》——してはいけない、と思ってほしいんだよ。

21. 1＋1＝3？

この前は分数だったけど、今日は足《た》し算《ざん》をやってみよう。

「1＋1＝2　とちがうの？」

その通りだよ、ミヨちゃん。しかしね、人間の世界を足し算で表《あらわ》したら、

「1＋1＝3」とか、

「1＋1＝1」さらに、

「1＋1＝1／2」も成《な》り立つんだよ。

「そんなことって！　どうして？」

不思議《ふしぎ》だろう。無理《むり》ないよねえ。ミヨちゃん、まだ若いんだから。

二人の人が、普通《ふつう》に力を合わせたら、2のことが出来るけど、お互《たが》いに励《はげ》まし合って努力したら、3の力が出て来るんだよ。

反対《はんたい》に、いい加減《かげん》な気持ちでやったら、一人《ひとり》分の仕事《しごと》しか出来ないし、気分《きぶん》がだらけてしまったら、もっとひどい結果《けっか》になってしまう。

これで、大体分《だいたいわ》かってくれると思うけど、恐《おそ》ろしいのは、変《へん》な同情《どうじょう》をして、底無《そこな》し沼《ぬま》に抱《だ》き合って落ちて行くことなんだよ。

友だちの気持ちを、受け止めて上げることは、とても大切なんだけど、そこで、落ち着いて、どうしたら良い方向へ進むことが出来るのか、よく考える必要があると思うんだ。

二人で、一緒《いっしょ》にやったのに、ダメになってしまってから、

「お前が悪い！」

「いや、君の方が、もっと悪い！」

なんて、お互いに非難《ひなん》し合っている姿を、ミヨちゃん、見たことがあるだろう？

こんなことにならないためにも、安心して高め合える、友だち関係《かんけい》をつくってほしいだよ。

22. 踏みつぶした！

「今日ね、知らないうちに、虫を踏みつぶしていたの。友だちが叫《さけ》んだから、気がついたんだけど……。」

「アッ、ミヨちゃん、虫踏《ふ》んでる！」

ぺしゃんこになって、死んでしまった虫を見て、ショックを受けたんだって？

それは、可哀《かわい》そうなことだったね。しかしね、ミヨちゃん、仕方《しかた》のないことだってあるんだよ。

この場合、ミヨちゃんが、もっと注意深くしていたら、避《さ》けられたかも知れないけれど、いつもそんなふうには、なかなか出来ないと思うよ。

いや、ミヨちゃんだけではないんだ。私も含《ふく》めて、誰《だれ》にでも言えることなんだよ。

そんなことがあっても、私がうれしく思うのは、ミヨちゃんの、やさしい心づかいだよ。たとえ虫を踏み殺《ころ》しても、ほとんどの人が、気にもしないし、知らん顔しているだろう？　ミヨちゃんは、立派《りっぱ》だよ。

考えてみたら、人間って、ある意味《いみ》では、とても悲《かな》しい生き物だ、と思うよ。他の動物を食べないと、生きていけないんだ。植物《しょくぶつ》の生命《いのち》も、もらわなければならないんだよ。

だから、必要以上に、殺生《せっしょう》しないように、心掛《こころが》けなければね。そして、物を食べる時、感謝する気持ちを忘れないようにしたいね。

土の道を散歩《さんぽ》しただけで、足下《あしもと》の小さな虫たちを、どんなにたくさん、踏みつぶしていることか！　目に見えないだけなんだよ。

こんなことを、頭に入れておいたら、水や空気を含《ふく》めて、自然を大切にしよう、と言う気持ちが湧《わ》いてくるんじゃあないかなあ。

23. あんな人だとは！

ミヨちゃんが、「ガッカリしている。」って、お母さんから聞いたんだけど……。

「あんな人だったとは、思ってもみなかった。」って？

長年《ながねん》付き合って、親友《しんゆう》だと思っていたし、お互いのことは、何でも分かり合える、と安心していたのに、だってね。

「何だか、裏切《うらぎ》られたみたい。」

よくわかるよ、ミヨちゃん。けどね、人間って、そういうものなんだよ。今は残念《ざんねん》だけど、ある面では、ミヨちゃんは良い経験をした、と思うよ。しかも、こんな若いうちにね。

私はどうかって？　もちろん、何回かあったよ。初めての時は、ミヨちゃんと同じ、ほんとにショックだった。

しかし、二回目、三回目になると、ちょっと冷静《れいせい》に考えられるようになってきたんだ。

いくら親友だと言っても、何もかも、私と同じではないんだ。親やきょうだいだって、百パーセントは理解《りかい》し合えないものね。

そこで、大事《だいじ》なことなんだけど、だからと言って、もうその友達とは絶交《ぜっこう》する、ってことにならないようにね。

性格《せいかく》や考え方《かた》、それに、感じ方の違いもあるだろうし、もしかしたら、ミヨちゃんの言っていることを、間違えて受け止《と》めたかも知れないし……。お互いに、良い点を学び合ってほしいし、時には、自分のことも反省する必要があると思うんだよ。

何十年も一緒《いっしょ》に暮《く》らした夫婦《ふうふ》でさえ、何だかよく分からない所があるそうだよ。違いを認《みと》めながら、共通《きょうつう》する点をつくり上げていく、そういう友達関係が、理想《りそう》だと思うよ。

24. キ↓ケ、オ↓ア?

「この前、外国人の子どもが、学校訪問《ほうもん》で来たんだけど、変な発音《はつおん》だった。」

そりゃあ、ケンちゃん、無理ないと思うよ。たぶん、日本語を習い始めて、まだ間《ま》がないんだろうね。それでも、一生懸命《いっしょうけんめい》話していたんだろう? こちらも、熱心《ねっしん》に聞いてあげなくてはね。

「うん、だんだん分かってきて、一緒《いっしょ》に歌ったり、遊んだりして、とても楽しかった。」

そうかい、それはよかったね。


何年か前のことだった。

ある外国の人を車に乗せて運転していた時、突然《とつぜん》、その人が叫《さけ》んだのだ。

「おお、ケ・モ・ノ!」

びっくりしたね。「獣《けもの》」だって!? どこに猪《いのしし》なんかが走っているんだろう?

とにかく、慌《あわ》てて、急ブレーキをかけたんだよ。

「ビューティフル、ケ・モ・ノ!」

彼が指差《ゆびさ》す方《ほう》を見たら、二人の女性《じょせい》が、美しい着物《きもの》を着て、バス停《てい》で立ってい
るんだ。
なんだ、ケモノはキモノのことか、と思ったけど、ホント、もうちょっとで、
交通事故《じこ》を起こすとこだったよ。
急に大声《おおごえ》だすなって、少し腹が立ったけど、外国人には、日本の女性の着物姿《すがた》
は、とてもチャーミングだって。
彼らは、イの発音が、エに近くなるから、キがケに聞こえるんだね。
この外《ほか》、オがアに近いから、ホンダがハンダに、ボリボールがバリボール＝バ
レーボールになってしまう。
オーストラリアの人は、エイをアイと発音する傾向にあるから、サンデイがサ
ンダイ（日曜日）、ジェインがジャイン（女性の名）と聞こえてくる。
メキシコへ行った時も、驚いたねえ。

私は、スペイン語が分からないから、英語で話してもらったんだけど、初め、しばらくの間、何を言っているのか、全《まった》く不明《ふめい》。しばらくして、やっと聞き取れるようになってみたら、何と彼の英語は、ひどいスペイン語訛《なまり》なんだよ。

しかし、このおじさん、とても親切だった。誠実《せいじつ》で、細《こま》かい所まで、気を配《くば》ってくれるんだ。お陰《かげ》で、メキシコの旅《たび》が、ぐっと楽しくなったねえ。

正しい言葉づかいを身につけることは、もちろん、大切だけれど、もっと重要《じゅうよう》なことは、お互いに、何とか分かり合おうとする熱意《ねつい》だ、と思うんだよ。

25. 膨《ふく》れたお餅《もち》

いい匂《にお》いだね。それにしても、今頃《いまごろ》、お餅だって？

「お母さんが、親類《しんるい》からもらってきたの。」

ミヨちゃん、上手《じょうず》に、お餅が焼《や》けるんだね。あれ、よく膨《ふく》れてきたよ。パンクしそう！

ああ、そうだ、お餅《もち》で思い出した。

世の中にはね、焼けて膨れたお餅のような人がいるんだよ。私も、時々そうなっているかもしれないけれど。

何の事だって？

ミヨちゃんも、見たことがあると思うけど、いやに突《つ》っ張《ぱ》ったり、虚勢《きょせい》を張《は》ったりしている人のことなんだ。自分には実力がないのに、からいばりしている姿《すがた》。良い感じはしないねえ。

時には、突《つ》っ張《ぱ》って生きなければならない、ことがあるかもしれないけど……。

こういう人からは、あまり学《まな》ぶものが無《な》い、と思うんだ。膨れたお餅は、中味《なかみ》がカラッポだろう？

こんなキツイ言い方をするのは、自分に対《たい》する反省《はんせい》も含《ふく》めているからなんだよ。

そんなことをしているよりも、やっぱり、自分の中味を充実《じゅうじつ》させる方に、力を入れるべきだ、と思うけどね。

26. 熱中《ねっちゅう》してる？

ケンちゃん、今、何か取り組んでいることある？　ミヨちゃんは？

キミたちは小学生だから、やってみたいことが、いっぱいあるのと違う？

ふと私自身《じしん》の小学生時代を、思い出してね、二人のことが気になったんだよ。

今でも目に浮かぶけど、ホント、楽しかったねえ。毎日、張《は》り切っていたよ。

夢中《むちゅう》になって、次々に、取り組んで行ったものだよ。

自転車の乗り方のように、短い期間《きかん》に目標を達成《たっせい》して終わった事や、何年も継《けい》続《ぞく》した事など、種類はいろいろあったと思う。大人《おとな》になってからも、まだ続けているのもあるし。

例えば、トンボの捕《と》り方やその道具の作り方、まだ誰もやったことのないコウモリの捕《つか》まえ方、電気パン焼《や》き《き》器の試作《しさく》、家具《かぐ》の修理《しゅうり》の仕方、知らない街《まち》の探検《たんけん》、等々《とうとう》。

もちろん、いつもうまく行くとは限《かぎ》らない。どちらかと言えば、失敗《しっぱい》の方《ほう》が多かったように思うけど。自分もひどい目に合ったり、家中が停電《ていでん》しておこられたり、イスの足を切っているうちに、ペシャンコになったり……。まあ、いろいろあったねえ。

しかし、熱心に取り組んでいるうちに、とうとう分からなくなって、図書館の本で調べたり、先生や大人の人に教えてもらったり。

気がついたら、いつの間《ま》にか、昆虫《こんちゅう》や植物のことが、かなり分かって来たし、学校の勉強と結《むす》びついたりしていたよ。

だから、外《ほか》の人がやっていることや、その作品には、強く惹《ひ》き付《つ》けられたんだ。友達と情報交換《じょうほうこうかん》したり、お互いに教え合ったり、もう毎日、生き生きしていたよ。

おじさんに内緒《ないしょ》で、田舟《たぶね》を借《か》りて、櫓《ろ》の使い方を練習したり（コレハ、イケナイコト、デス。）、力《ちから》を入れないで、スピードの出る泳ぎ方を研究したり、疲《つか》れない長距離《ちょうきょり》の走り方を工夫《くふう》したり……。

こんなことを続けているうちに、妙《みょう》な体験をしたんだ。

「自転車よりも、自分の足で走る方が、楽《らく》で速い！」

常識《じょうしき》では考えられない事なんだけど、何回やっても、やっぱり同じだったねえ。

失敗の連続《れんぞく》の果《は》てに、やっと出来た、その時のうれしさ、感動《かんどう》！　とても言葉で表《あらわ》せないくらいだよ。

27. 話し上手《じょうず》

「お父さんがね、『Aさんは、話上手や』って、いつも感心《かんしん》しているの。」

ミヨちゃんは、その人と話したことがあるの？

「うん、親戚《しんせき》のおじさんのことだけど、話していると、とても楽しいの。」

そう、それはよかったね、そんなに素敵《すてき》なおじさんがおられて。

ところで、このAさんは、どうして大人だけでなく、子どもにも魅力《みりょく》があるんだろうね。

人を惹《ひ》き付《つ》ける話し方って、決して、話す技術が優《すぐ》れているだけではない、と思うんだよ。いろんな種類のお話が出来る——話題《わだい》が豊富《ほうふ》——って言うのは、広い知識《ちしき》や経験が必要だろうね。特に、自分の経験から学《まな》んだり、感じたりしたことは、聞く人に強い印象《いんしょう》を与《あた》える、と思うよ。

それに、物事《ものごと》を深く考える態度《たいど》があれば、聞き手に、何か参考になるものを、与えることが出来るのではないだろうか。

まだ、誰も見えていない、聞こえていない、感じていない、こういったことを、少しでもみんなの前に示《しめ》すことができたら……。

ちょっと、ミヨちゃんには、難《むつか》しい話になってきたね。

とにかく、若いうちから、いろんなことに興味《きょうみ》をもって、取り組んでほしいんだよ。

28. 聞き上手

「話し上手」のついでに「聞き上手」のこともね。

よくあるだろう、自分ばっかりしゃべって、こちらの言うことを聞いてくれないって。しまいに疲《つか》れて、いやになってしまう。

それと、会話《かいわ》が深まらない場合。

例えば、蛍《ほたる》の話。

「蛍、見たことある?」

「ない。」

これでオシマイ! 何だか、さみしいねえ。もうちょっと、会話を進めてほしいんだよ。

「ないけど、君は見たの?」

こんなふうに聞いたら、相手《あいて》もいろいろ話してくれるだろう。そして、今度《こんど》、一緒《いっしょ》に蛍を見に行こう、なんて約束できるようになったら、素晴《すば》らしいんだけどね。

それと、話す言葉のない場合だってあるんだよ。相手《あいて》が、大変な不幸に遭《あ》った時、もう何を話すよりも、ただ黙《だま》って、耳を傾《かたむ》けるだけ。時には、同じように涙《なみだ》を流しながら……。

29. 蜜蜂《みつばち》の方が賢《かしこ》い!?

「昨日《きのう》ね、野外活動《やがいかつどう》で養蜂場《ようほうじょう》へ行ったよ。」

そうかい、ケンちゃん、いい所へ見学に行ったね。それで、どうだった?

「頭から網《あみ》をかぶって、巣箱《すばこ》の蜜《みつ》を取り出しているのを見せてもらった。ちょっと怖《こわ》かったけど、おもしろかったよ。」

近くへ寄《よ》って、本物《ほんもの》を見たんだって? 私はテレビで見ただけなんだよ。

それから、蜂蜜《はちみつ》をごちそうになって、いろんなお話を聞かせてもらったんだってね。

自分たちの食料や、子どもを育てるために、せっせと蜜《みつ》を集めてきて、巣《す》に貯《た》めておくんだね。

「あんなに、いろいろ種類があるなんて、ボク、今まで知らなかった。」

そうらしいねえ。蜜《みつ》を出す花によって、色も味《あじ》も香《かお》りも違うんだって。

「それに、蜂たちは、雌《め》しべに雄《お》しべの花粉《かふん》をつける、仕事もしているんだって。」

ほんとだ、蜂も知らないうちに、そんな重要な働きをしているんだよ。だから、花に種子《しゅし》＝種《たね》が出来るんだね。

「蜜《みつ》を取るだけ、と違うんだ。この前、社会科で、人間の自然破壊《はかい》のことを習ったんだけど、何だか、蜂の方が賢いみたい。」

へえー、ケンちゃん、なかなか鋭《するど》いねえ。そうなんだよ。ハゲ山になるほど木を切り倒したり、魚を捕《と》りつくしたり、地下の鉱物《こうぶつ》をどんどん掘ったり……。

そのために、人間だけでなく、他のいろんな生き物までが、ひどいめに合ったり、迷惑《めいわく》したりしているんだね。

「これでは、ダメだ！」

最近《さいきん》になって、やっと人々は気がついて、そのために、いろんな対策《たいさく》に取り組んでいるんだよ。まだまだ、これからだよね。

30. ひとり占《じ》め

ミヨちゃん、何だか機嫌《きげん》が悪そうだけど、どうかしたの？

「Bさんって、私たち三人で仕上《しあ》げたのに、自分一人の名前で、市の作品展《さくひんてん》に出してしまったの。」

それは良くないね。どうして、三人の名前を書かなかったのかなあ。それより、出品《しゅぴん》する前に、みんなに相談《そうだん》があったの？

「なーんにも。展覧会《てんらんかい》に行って、初めてわかったのよ。」

それで、どうしたの？

「Bさんに言ったけど、黙《だま》っているだけなの。仕方がないから、会場の係《かかり》の人に、そのことを話してきたの。」

へえー、君たち、しっかりしているねえ。係の人も驚《おどろ》いていただろう？

「うん、ビックリしていた。」

後《あと》で、Bさんと話して、それが事実《じじつ》なら、三人の名前に書き替《か》えるって？良かったね。筋《すじ》を通したって言うことだよ。

腹が立つだろうけど、Bさんを、なかま外《はず》れにしないでほしいんだ。彼女もこれでこりて、きっと反省しているだろうからね。

実はね、こういったことは、大人の世界にはよくあるんだよ。大人の場合は、一度信用《しんよう》を落としたら、もう誰も信じてくれないし、場合によっては、付き合ってもらえなくなってしまう。厳《きび》しいんだよ。

たとえ自分が中心になっていても、みんなで協力《きょうりょく》してやった事は、絶対《ぜったい》に「ひとり占め」は許《ゆる》されない、と思うよ。

31. なぜ、ここに？

社会科の地図帳《ちずちょう》を持ってきてくれたの、ケンちゃん？

「うん。今ね、日本の産業《さんぎょう》のことを習っているんだ。」

そうかい。ちょうど、ミヨちゃんも来ているから、一緒に見ようよ。

「日本の主《おも》な工業地帯《こうぎょうちたい》は、太平洋側《たいへいようがわ》に集まっているんだって。」

ミヨちゃん、よく知っているね。

「それと、瀬戸内海《せとないかい》と北九州だよ。」

そうだよね、ケンちゃん。

ところで、どうしてそんなふうに、片寄《かたよ》ったのだろうね。もう学習したの？

「うーん、交通の便利《べんり》がよいとか、平野《へいや》があったり、昔からたくさん人が住んでいたり……。」

ミヨちゃんは、どう？

「えーと、気候が良いとか……。」

君たち、よく勉強しているね。その通りだと思うよ。自然環境《かんきょう》が、人間の生活や活動にとって、それほど厳《きび》しくない所、とも言えるね。

しかし、地球上では、かなり厳しい条件《じょうけん》の所で、人々が暮らしているだろう。砂漠《さばく》や高地、それに北極圏《ほっきょくけん》やジャングル地帯、などでね。住民たちは、長年《ながねん》かかって、そういった所での生活の仕方を、築《きず》き上げて来たんだね。

さて、君たちね、今度は、ぐっと身近《みぢか》な問題なんだけど、どうして、私たちの街《まち》がここにあるのかなあ。誰が最初に、ここへ住み着いたんだろうねえ。そして、ここという場所を選んだ理由は、いったい何だったのか。

例えば、きれいな水の川が流れていて、平地《へいち》でもあるし、近くの森に、食料になる動物や木の実《み》もたくさんあって……。

周囲《しゅうい》の草や木を切って、家も作って、やれやれと思っていたら、大雨《おおあめ》が降って、洪水《こうずい》で家はもちろん、人まで洗い流された、というような、ひどいめに遭《あ》ったりして。

それでも逃げ出さないで、みんなで力を合わせて、少しずつ住み良い場所に変《か》えてきた、そんな大昔《おおむかし》からの歴史《れきし》があるのかも知れないよ。

だから、あたりまえだとか、昔からそうだったんだ、という思いを、時には少し変えて、「なぜ、ここに?」と疑《うたが》ってみることも必要なんだよ。

もし興味《きょうみ》があったら、時代の新しいものから始めるといいよ。

「私たちの学校の位置は、どうしてここにきまったのか。」のようなことからね。これなら、学校に資料《しりょう》があるだろうし、無ければ、教育委員会《いいんかい》か、街の図書館へ行って調べたらわかると思うよ。

思ってもみなかったような、おもしろい事が分かるかもしれないよ。

32. ミミズと人間

「今日、学校の帰りにね、大きなミミズを二匹も見たの。」

「ボクも見たよ。道の上を這《は》っていた。」

そうかい。しかし、どうして道なんかへ、出て来たんだろうね。ミミズは、普《ふ》段《だん》は土の中にいるのにね。

「この前、見た時も、雨が降っていた。」

と言うことは？

「わかった。ミミズのお家《うち》に水が入ってきたから。」

ピン・ポーン、当たり。そうだね、雨が降り続いたから、水浸《みずつ》かりになって、呼吸《こきゅう》が苦しくなったんだろう。

長靴《ながぐつ》で踏みつけたり、しなかっただろうね、ケンちゃん？

「うん、しなかったよ。」

それは良かったね。ひょっとして、私は、ミミズに生まれていたかも知れないんだよ。

君たち、そんなふうに考えたことある？　私たちは、たまたま、人間として生まれたから、こうやって、お話が出来るんだよね。

それに、もしも私が江戸時代に生まれていたら、君たちには、絶対《ぜったい》に会えなかっただろうし。そして、たとえ同じ時代に、同じ国で生まれても、お互いに遠く離れていたら、やっぱり、出会うことは難《むつか》しい、と思うよ。

このことをね、昔から人々は「不思議な縁《えん》」と言っているんだよ。

お母さんのお腹《なか》の中で、すでに命《いのち》を終わってしまった胎児《たいじ》、せっかく生まれてきたのに、わずかな期間でこの世を去《さ》った、赤ちゃんたちもいるんだよ。

33. ほめてあげられる？

君たち二人とも、市の文化祭で入賞《にゅうしょう》したんだって？　ミヨちゃんは「書《しょ》」の部で、ケンちゃんは「絵」の部だってね。

おめでとう。良かったね。

「それが、あまりうれしくないの。」

いったい、どうしたんだい、ミヨちゃん？

「親《した》しくしていたお友だちが、なんか私から離《はな》れて行くみたい。」

一緒《いっしょ》に出品《しゅっぴん》したそのお友だちは、残念《ざんねん》ながら、入賞しなかったって？

分かるよ。それって、やっぱり「ねたみ心《ごころ》」の表《あらわ》れ、と思うよ。もしかしたら、ミヨちゃんに対して、恥《は》ずかしいから、かもしれないけれど……。


よく大人《おとな》たちが言っているだろう。

「他人《たにん》の成功《せいこう》が、シャクの種《たね》」って。

誰かが、うまく行くと、それをほめてあげるどころか、反対に腹が立つ、と言うんだよ。

情《なさ》けないことだけど、これが普通《ふつう》の人間の感情《かんじょう》なんだよ。しかし、もし自分の子どもがうまくいったら、その親は、もう自分の事のように喜《よろこ》ぶだろう?

どうして、他の人に対して、喜んであげられないのかねえ。

自分がうまく行ってないとか、充実《じゅうじつ》してない時は、「ねたみ心」が強く働く、と思うんだ。

他の人の成功を見て、

「よし、自分もがんばってみよう!」

というように、刺激剤《しげきざい》として、受け取ってみたらどうだろう。

それに、前にも言ったように、たとえ入賞してほめられたとしても、それは技術の一部であって、その人自身=人格《じんかく》が立派《りっぱ》だ、とは限《かぎ》らない場合もあるからね。

この点、くれぐれも、気をつけてほしいんだよ。

34. よく話し合って

ケンちゃんのクラスで、学級劇《げき》のことについて、もめているんだって？

「テーマは、二つにまとまったけど、なかなか一つに決《き》まらないんだ。」

だからと言って、多数決《たすうけつ》で選ぶには、まだ話し合いが不充分《ふじゅうぶん》らしいんだね。難《むつか》しいことだけど、とてもいいことだ、と思うよ。

大切なことは、相手《あいて》の意見を、一度、素直《すなお》な心で聞いてみることだね。そうすると、自分たちの考えと共通する点や、納得《なっとく》できる面が見つかるかも知れないよ。

話し合いには、いろんな資料《しりょう》も必要だし、筋道《すじみち》の通った話し方や、相手に対する思いやりの心も大事《だいじ》だよね。

そして、出来たら、両方が歩《あゆ》み寄って、何とか折《お》り合いのつく結果が、つくり出されると良いんだが……。

もし、片方《かたほう》の意見に決《き》まったとしても、相手方《がた》の考えを、できる限り取り入れたものであってほしいんだよ。

後は、お互いに協力して、素晴《すば》らしい学級劇の実現《じつげん》に向かって、努力することだね。

35. A＋B＝B＋A？

ミヨちゃん、算数で、文字《もじ》を使った式を、習っているんだって？

「ボクも、習っているよ。」

そうかい、ケンちゃん。

ところで、こんな事を言ったら、頭がおかしくなるかなあ。

結論《けつろん》から先に言うとね。算数では成《な》り立つのに、他の面では、そうも行かない時があるんだよ。

Aを1、Bを2としたら、

「1＋2＝2＋1」で、答えは、両方とも3だから、成り立つね。

Aをリンゴ、Bをミカンとしたら
「リンゴ＋ミカン＝ミカン＋リンゴ」で、どちらを先に袋の中へ入れても、結《けっ》局《きょく》、袋の中味《なかみ》は、リンゴとミカンだけ。これも、よろしい。

しかしね、化学薬品《かがくやくひん》なんかを混《ま》ぜ合わす時、必《かなら》ず、どちらかを先にしないと、ひどいことになってしまう。爆発《ばくはつ》なんかが起こったりして。

もちろん、この場合でも、混ぜた薬品の量《りょう》は、どちらが先でも、成り立つけどね。

他の仕事でもそうなんだけど、材料《ざいりょう》の種類と量が決まっていても、どれを先にするかを、しっかり考えておかないと、とんでもない事になってしまう。

数や重さや、体積《たいせき》の点では成り立っても、現実《げんじつ》の世界では、順番《じゅんばん》はどちらでも良い、と言うわけにはいかないんだよ。

36. 知らなかった方《ほう》が……。

「お祖母《ばあ》ちゃんがね、『知らなかった方が良かったのに』とか言って、何だか、がっかりしているみたい。」

その気持ち、よくわかるなあ。

「けど、知らないことが分かるように、お勉強してるんでしょう?」

そうなんだよ、ミヨちゃん。しかし、人生《じんせい》にはね、矛盾《むじゅん》するようだけど、「○○しなかった方が……。」って、悩《なや》むことがよくあるんだよ。

家族のように可愛《かわい》がっていた、ペットが死んで、

「こんなことなら、初めから飼わなければよかったのに。」と嘆《なげ》き悲《かな》しむ姿。

親《した》しい友だちが、ある日、転校《てんこう》するようになって、

「こんなに別れがつらいんなら、どうして、友だちなんかになったのだろう。」

という思い。

実《じつ》は、私もそうなんだけど、長年《ながねん》連《つ》れ添《そ》った妻に、最近、亡《な》くなられて、まだ、つらく悲しいんだよ。

「こんなことになるなんて！　いっそのこと、結婚《けっこん》しないで、独身《どくしん》で通《とお》した方が……。」

こんな苦しい思いをしなくて、済《す》んだかも知れない。いずれ、どちらかが先に、

生命《いのち》を終える、そんなことは、頭ではよく分かっていたんだが……。

しかしね、どうしても割り切れない思いを、何とか、自分で納得《なっとく》させるしか、仕方がないんだよ。

こんな時、先人《せんじん》たちが遺《のこ》してくれた、いろいろな事や物が、ずいぶん、大きな力を与《あた》えてくれる、と思っているよ。

37. 平和な世界を！

「今日、社会科の時間にね、『世界の紛争地域《ふんそうちいき》』について、習ったんだけど……。」

へぇー、深刻《しんこく》な問題を取り上げたんだね。

「もう、ビックリしてしまった。世界地図の上に、×印《じるし》をつけていったら、いっぱいになったんだ。」

残念《ざんねん》なことだけど、そうなんだよ、ケンちゃん。国対国《くにたいくに》の対立《たいりつ》や、国内での紛《ふん》争《そう》が起こっているんだ。もうすぐ、二十一世紀だと言うのにね。しかも、これだけ交通や通信が、発達しているにもかかわらず……。

それで、そういったもめごとの原因も、教えてもらったの？

「うん、いくつか。民族や宗教の違いとか、領土《りょうど》の問題なんかがあって……。」

君たち、ほんとうに、不思議に思うだろう？「そんなことぐらい、話し合って、折り合いをつけたらいいんだ。」とか、「お互いの違いを認《みと》め合って、共通する点で、仲良《なかよ》く、協力すれば良いのに。」とかね。

ところが、現実は、自分達だけの利益《りえき》を求《もと》めたり、生活習慣《しゅうかん》を押《お》し通そうとして、争《あらそ》いになってしまう。

そして、最悪《さいあく》の場合は戦争！　殺し合いをして、建物《たてもの》や橋や工場を破壊《はかい》したり、森や畑までダメにしてしまう。

家族を殺されたり、自分も大怪我《おおけが》をして、一生《いっしょう》は台無《だいな》し。嘆《なげ》きながら、恨《うら》み心が残る。

あげくの果《は》てに、次は、もっと性能《せいのう》の良い武器《ぶき》を作ろうとか、外国から優《すぐ》れた戦争の道具を買おう、ということになって、多額《たがく》の費用《ひよう》や労力《ろうりょく》、時間までを無《む》駄《だ》にしてしまう。

ホントに、バカバカしい限りだね。どうして、それらのものを、社会の発展のために、使おうとしないのか。

このような紛争を避《さ》けるために、国際連合《こくさいれんごう》とか、国際司法裁判所《しほうさいばんしょ》などが、つくられたんだけど……。

二十一世紀、ケンちゃんたちの時代には、お互いに、もっと知恵《ちえ》を働かせ、力を合わせて、この世界に、平和を築《きず》き上《あ》げてほしいんだよ。

38. 自分が変《か》われば……

やあ、久《ひさ》しぶりだね。二人とも、忙《いそが》しかったんだって？

「うん、いろいろあったけど、楽しかった。」

よかったね、ケンちゃん。

「今まで、それほどでもなかった人と、とても親《した》しくなれたの。」

うれしいね、ミヨちゃん。

君たちは、なかまと協力して、取り組んでいるうちに、これからの人生で大切なことを、学んだり、経験したりしているんだよ。

「今までのクラスとは、少し違ってきたように思えるの。」

「ボクも、そんな感じがする。」

なるほどね。確《たし》かに、みんなの取り組みを通して、良い雰囲気《ふんいき》に、クラス全体が変わった、と言えるだろうね。

もう一つある、と思うんだよ。君たちは、気がついていないかも知れないけれど。

それはね、君たちの見る目が変わった、一段《いちだん》と深まった、ということなんだ。

自分が変われば、見慣《みな》れたものも、違った感じで受け取れる。深く考えるようになれば、今まで見えていなかったものが見えてくる、ということだよ。

君たちには、まだ、ちょっと難《むつか》しいと思うけど、だんだん分かってくるよ。

子どもの頃に、親《した》しんだ童謡《どうよう》や物語《ものがたり》を、大人《おとな》になって、もう一度味《あじ》わってみると、とても深い意味を持っていることに、あらためて感動するんだよ。

誰だって、つらいことや、悲しいことに出合うのは、イヤだけれど、考え方によっては、それらが自分を高めてくれる、深く考える態度《たいど》を養《やしな》ってくれる、とも言えるんだ。

39. バラの棘《とげ》

ミヨちゃん、その指《ゆび》、どうしたの？

「バラの棘《とげ》で怪我《けが》しちゃった！」

かわいそうに、痛かっただろう？

「お花の水を替《か》えようと思って……。」

私も経験があるんだ。ついうっかり枝《えだ》を持って、「プチッ」と刺《さ》されてね。

その時はちょっと腹が立ったけど、それでもバラの花は素晴《すば》らしい。

「私もバラの花は大好《だいす》きなの。」

それを聞いて安心したよ。「棘があるからバラは嫌《きら》い！」という人もあるし。

それにしても、もしバラにあんな見事《みごと》な花が咲かなかったら……。厭《いや》がられて、誰も見向きもしないだろうね。

「ボクもイバラで、ひどいめに遭《あ》ったんだ。」

ケンちゃんは、野原《のはら》のイバラで？

「うん。魚を釣《つ》っていたら、釣り糸が引っかかって……。糸がからみついて、外《はず》れないんだ。気がついたら、イバラの棘で、手のあちこちが傷《きず》だらけだし、シャツまで破《やぶ》れてしまって……。」

それは大変《たいへん》だったね。ケンちゃん。

「けど、次の年に、またそこへ魚釣りに行って、ビックリしたんだ。小さな白い花が、いっぱい咲いているんだよ、そのイバラに！」

きれいだっただろう、ケンちゃん。あれは五月に花を咲かせて、水辺《みずべ》を彩《いろど》ってくれるしね。

まあ考えてみたら、棘《とげ》だらけのあのイバラも、いろんな働きをしていると思うよ。

弱い虫や生き物《いきもの》たちを、棘で外敵《がいてき》から守ってあげたり、時には人の目を楽しませてくれたり……。

それに、ひょっとしたら、あのイバラの枝か根に、素晴らしい薬の元《もと》になるような、養分が含《ふく》まれているかも知れないし……。

40. 人生のキャンバス

ミヨちゃん、君のお母さんから、前に聞いたんだけど、蝉《せみ》のお墓《はか》を、庭に作ってあげたんだってね。

「うん、朝起きたらね、蝉が死んで、落ちていたの。」

そうかい。ミヨちゃんは、やさしんだね。

「可哀《かわい》そうで、とても悲しかった。」

そうだよね。暗い地面《じめん》の中で、何年も暮らして、やっと地表《ちひょう》に出て来たと思ったら、わずか一週間あまりで、一生を終わるんだって。精《せい》いっぱい、短い一生を生きた、と思うよ。

「それでね、その時、思ったの。『人間の一生って何だろう』って。」

ミヨちゃん、ものすごいことに、気がついたんだね。

それはね、昔からの、人類《じんるい》最大の難問《なんもん》なんだよ。世界中で、いろいろ試《こころ》みてきたんだけど、現代《げんだい》になっても、まだ、ハッキリしてない、と思うんだ。

だから、宗教や芸術《げいじゅつ》、それに哲学《てつがく》のような学問《がくもん》が、生み出されて来た、とも言えるんだよ。そして、それらを通して、何とか納得《なっとく》できるものを求めようとしている……。

私は、どうかって？　そうだねえ、モヤモヤしているけど、何か少し安心できそうな、心境《しんきょう》（心の状態《じょうたい》）なんだよ、今の所はね。

とにかく、私たちは、生まれた時に、真《ま》っ白な、『人生のキャンバス』を与えられた、と思ってみたらどうだろう。

そして、その画布《がふ》の上に、自分の人生という絵を、精《せい》いっぱい、描《えが》いてみようよ。

おわりに

子どもさんへ

読んでくれて、ありがとう。どうでしたか？

これって「私と同じだ。」とか、「ボクの方がマシや。」とか、「そんなふうに考えたらいいのか。」って、いろいろ感じてくれた、と思うよ。

ところで、毎日元気で、楽しくやってる？

学校では、先生から、いろんなことを教えてもらったり、なかまと協力して取り組む中で、経験したり学んだり、しているよね。

それ以外《いがい》に、大人《おとな》の人や、本やテレビなどからも、学ぶことが出来るけど、実は、自然の世界と言うのは、素晴《すば》らしい先生でもあるんだよ。

限《かぎ》りないほど、多くのことを教えてくれたり、時には、なぐさめられたり、感動したり、勇気だって与《あた》えてくれるんだよ。

だから、できるだけ野外《やがい》に出て、自然を体験《たいけん》してほしいんだ。

失敗《しっぱい》や、恥《は》ずかしいことも含《ふく》めて、私自身《じしん》の少年時代をまとめた本『ボクの縄《じょう》文《もん》時代』を出版《しゅっぱん》してあるから、良かったら、読んでみて、君の日常《にちじょう》生活と比べてみたら。

時代は、少し違っているけど、共通する所や、ひょっとしたら、何か役に立つヒントが、見つかるかも知れないよ。

とにかく、君が、君自身の子ども時代を、精《せい》いっぱい生きてくれることを、私は心から望《のぞ》んでいるよ。

この本の終わりに、『おはなし』を載《の》せておいたから、読んでみて、何番の内《ない》容《よう》が含《ふく》まれているか、考えてみて下さい。

おはなし

(1) みんな〝森〟さん

キミたち、ひとりずつ氏名《しめい》をもっているね。苗字《みょうじ》と名前《なまえ》のことだよ。〝林田《はやしだ》海奈《みな》〟とか〝川辺《かわべ》葦雄《よしお》〟のように。

「あたりまえだ。」って？

しかしね、日本人のみんなが苗字をつけるようになったのは、今からわずか百年あまり前のこと、明治時代《めいじじだい》になってからなんだよ。

それまでは、皇族《こうぞく》や武士《ぶし》など、一部《いちぶ》の人々しか苗字が許《ゆる》されなかったんだ。

自分たちの村の中では、名前だけで通《つう》じていたのだが、他の村へ行った時は、ちょっと困《こま》ってしまった。

それで仕方《しかた》がないから、名前の上に自分の村の名をつけてみることにした。

「私は、森村《もりむら》の石松《いしまつ》です。」

「ああ、森の石松さんですか。」

「へい、さようで。どうぞよろしく。」

まあこんな調子《ちょうし》でね。


ところが、明治の初め頃《ごろ》、政府《せいふ》から命令《めいれい》が来た。

「それぞれ苗字を考えて、届《とど》けなさい。」

お陰《かげ》で村中《むらじゅう》が、大騒《おおさわ》ぎになってしまった。

「どうしよう！」


「ええっ、何だこりゃ!?」

集められた苗字を見て、村長《そんちょう》さんはビックリした。

どの家の苗字も、全部〝森〟。

〝森　大助《だいすけ》〟〝森　次郎《じろう》〟〝森　右門《うもん》〟〝森　平太《へいた》〟〝森　……〟。

「これでは、ダメだ！」

村長さんは慌《あわ》てて、村人《むらびと》たちと話し合いを始めたのだが……。

かれらの意見《いけん》によれば、苗字を〝森〟と決《き》めたのは、こんな理由《りゆう》だそうだ。

――私たちの村には、大きな森がある。

だから、村の名前も〝森――森村《もりむら》〟。

森は、ほんとうに素晴《すば》らしい。

木を切り出して、家を建てたり、小枝《こえだ》や落ち葉を集めて、ごはんを炊《た》いたり、お風呂《ふろ》をわかすこともできる。

森の中には、木の実《み》や茸《きのこ》があるし、いろんな生《い》き物《もの》たちが住んでいて、私たちの大切《たいせつ》な食料《しょくりょう》を与《あた》えてくれる。

それに、台風《たいふう》などの強い風を防《ふせ》いでくれるし、きれいな空気も送ってくれる。

そのほか、森の良いところが、いっぱいある。

森のお陰で、私たちの生活が成《な》り立っている。

「ああ、ありがたいことや。だから〝森〟〝森〟〝森〟……。」──

「みなさんの気持ちは、とてもよく分かるんだけど、〝森さん〟って呼んだら、みんなが〝ハイ、ハイ、ハイ……〟になって、誰《だれ》が誰だか、区別《くべつ》がつかなくなってしまう。」

そう言って、村長さんは村人たちに、苗字を変《か》えてくれるように頼《たの》んだのだが、それでもほとんどの人が〝森〟のままだった。

だからこの村では、今でも昔のまま、名前だけで呼び合っているそうだよ。

こんな話を聞いた、隣村《となりむら》の村長さんは、さっそく村人たちに説明《せつめい》しました。

「いいですか、みなさん。うちの村では、それぞれ違《ちが》った苗字を考えて下さい。」

「えーっ、難《むつか》しいなあ。考え方のヒントを教えて下さい。」

「そうですねえ。まあみなさんの身近《みぢか》にあるもので、どうでしょうか。」

と言うことで、みんな家に帰って考えることになりました。苗字の宿題です。

「うちの家は、川の上流《じょうりゅう》にあるから〝川上《かわかみ》〟にしよう。」

「家の裏《うら》に、小さな林があるから〝小林《こばやし》〟でどうだろう。」

ところが、五郎《ごろう》さんの家では、なかなか苗字が決《き》まらない。もうしめ切りの日が、明日《あす》にせまっているのに……。

夕食後、五郎さんはいつものクセが出て、鼻《はな》クソをほじくり始めました。それから、ついでに耳クソも。

「お父さん、キタナイから、止《や》めとき！」

いつも家族から注意《ちゅうい》されているのに……。

「今日《きょう》の畑仕事《はたけしごと》は、ホントきつかったなあ。」

汗《あせ》をいっぱいかいきながら、ほこりだらけになって、五郎さんはがんばっていたのです。

耳の掃除《そうじ》が終わった五郎さんは、ハッと気がつきました。

「そうだ、これにしょう！」

さっそく家族を集めて、五郎さんは、今考えた苗字を発表しました。

「うちの苗字は、これにする。」

一枚の紙に、墨《すみ》で黒々《くろぐろ》と書かれた文字。

〝爪《つめ》〟

「何、これ？」

「もっとマシなの、ないの？」

みんな文句《もんく》を言いました。

しかし五郎さんは、その理由を、ゆっくり家族に話し始めたのです。

「まあまあ、みんな、落ち着いて私の考えを聞きなさい。」

――みんなも知っているように、爪はとても大事《だいじ》な働きをしているんだよ。細《こま》かな仕事《しごと》も、爪があるから出来る。それに、頭をかいたり、スイカの種《たね》をほじくったりもできるしね。

他の生き物だってそうだろ。トンビやタカや、フクロウなんかの鳥たちも、爪を使って獲物《えもの》をつかまえているし、熊《くま》や狐《きつね》のような獣《けもの》にとっても、爪は大切な道具《どうぐ》なんだよ。爪がなかったら、リスは木に登《のぼ》れなくなってしまう。リスだけではないけれど……。――

言われてみると、なるほどそのとおりでした。それで家族はみんな、五郎さんの考えた苗字〃爪〃に賛成《さんせい》したのです。

次の日、五郎さんはいそいそと、村長さんの家に出かけました。

「なかなか良い苗字ですね。」

そう言って村長さんは、ほめてくれたそうです。

いろいろな苗字のあるこの村では、みんなお互いに、苗字で呼び合っているんだって。

(2) チョウ　チョウ

A君《くん》とB君は、大《だい》のなかよしです。

学校から帰って、いっしょに遊んだり、休みの日には、野原《のはら》や小川《おがわ》へよく出かけます。

時々《ときどき》、近くの山に登《のぼ》ることもあります。

そして、二人の趣味《しゅみ》もまた同じ。チョウに興味《きょうみ》があるのです。

いろいろなチョウを採集《さいしゅう》して、二人で協力《きょうりょく》しながら作った標本《ひょうほん》。これは展覧《てんらん》会《かい》で、金賞《きんしょう》を受けました。

二人は図書館《としょかん》に通《かよ》って、図鑑《ずかん》でチョウのことを調《しら》べたり、昆虫博物館《こんちゅうはくぶつかん》に行ったりして、研究《けんきゅう》し合っていました。

それから、何年か経《た》って、二人は別々《べつべつ》の進路《しんろ》を選《えら》びました。

A君は、ある会社に入《はい》って、熱心《ねっしん》に働いた結果《けっか》、とうとう社長にまでなったのです。

B君は、家の仕事《しごと》を継《つ》いで、あれこれ研究しながら、農作物《のうさくもつ》の栽培《さいばい》に努《つと》めています。

また何年かが過《す》ぎていきました。

あれほど栄《さか》えていたA氏の会社が、最近《さいきん》、経営《けいえい》がうまくいっていないのです。

会社の人たちも、だんだんやる気を失《うしな》ってきました。

その一番の理由《りゆう》は、どうもA氏にあるようです。

何年も社長を続《つづ》けているうちに、いつのまにかA氏は、「自分はエライ人間だ。」と思いちがいをしてしまったようです。

それで、みんなの意見《いけん》を聞かずに、自分の考えだけを押《お》し通《とお》したり、ヒドイ言葉で、社員をバカにしたり……。

一方《いっぽう》、B氏は研究と努力《どりょく》のお陰《かげ》で、安全《あんぜん》で栄養《えいよう》の豊かな作物を、たくさん収《しゅう》穫《かく》できるようになりました。

そして今、彼は新しい種類《しゅるい》の作物に取り組んでいます。

その後しばらくして、二人の姿は大きく違《ちが》ってきました。

A氏は、「もっとエラクなりたい！」と思って、ある大都市《だいとし》の市長選挙《しちょうせんきょ》に立《りっ》候補《こうほ》したのです。

あまり名前を知られていないところへ、どこからもれたのか、A氏の悪い評《ひょう》判《ばん》が拡《ひろ》がって、かなり不利《ふり》な立場《たちば》に追《お》い込《こ》まれてしまいました。

「これでは、選挙に勝てない！」

焦《あせ》ったA氏は、とうとう会社のお金を、かってに持ち出して、みんなに配《くば》って回《まわ》ったそうです。

「お金をあげるから、私に投票《とうひょう》して下さい。」

そんなふうに頼《たの》みながら……。

しかし、結果《けっか》は、落選《らくせん》！

その上、選挙違反《いはん》の罪《つみ》で、今どこかの刑務所《けいむしょ》に入っているそうです。

B氏は、健康《けんこう》な作物をめざしているうちに、周囲《しゅうい》の自然《しぜん》が、だんだん悪くなってきていることに、気がついたのです。

「水や空気も汚《よご》れてきたし、土だって何か変《へん》だ！」

そう言えばこの頃、メダカやドジョウ、それにミズスマシやゲンゴロウも、あまり見かけないし、昆虫たちの数も減《へ》ってきました。

「どうしたら、豊《ゆた》かな自然が取り戻《もど》せるのだろう。」

B氏は、少しでも環境《かんきょう》に良いと思われることを、自分の周《まわ》りから、一人で取り組み始めました。

少しずつ良い環境にはなってきたのですが、それでも一人で、川の水や空気などを、きれいにすることはできません。

「みんなで力《ちから》を合わせて、もっと広い地域《ちいき》の環境を良くしていこう！」

Bさんは今、多くの人たちに呼びかけて、環境を良くする活動《かつどう》を拡《ひろ》げています。

(3) 二粒《ふたつぶ》の種子《たね》

ヒューッと、強い風が吹いてきました。

さあ、今日《きょう》は待《ま》ちに待った、旅立《たびだ》ちの日です。

種子《たね》たちは、お母さんの木を離《はな》れて、風に運《はこ》ばれながら、遠《とお》くの方へ飛《と》んで行きました。

しかし、かれらは、自分がどこへ落ちるのか、まったく分《わ》かりません。

だって、重い種子もあれば、軽《かる》い種子もあるでしょう。

それに、吹く風も強かったり、弱かったり……。そして、風向《かざむ》きだって違《ちが》うからです。

なかよしだった二粒《ふたつぶ》の種子——AちゃんとBちゃんは、かなり遠くまで飛んで行って、それぞれ少し離《はな》れた地上《ちじょう》に落ちました。

「だいじょうぶ、Aちゃん？」

「うん、元気だよ、Bちゃん。」

お互《たが》いに声をかけて、無事《ぶじ》をたしかめ合いました。

「さあ、がんばろうね。」

そう言って、かれらは地面《じめん》に根《ね》を下《お》ろしたり、芽《め》を出したりする準備《じゅんび》を始めました。


ところが、かれらの落ちた土地《とち》の条件《じょうけん》が、まるで違うのです。

Bちゃんの地面は、栄養《えいよう》のある柔《やわ》らかい土で出来ています。だから根も張《は》りやすいし、豊《ゆた》かな栄養《えいよう》も、ぐんぐん吸《す》い上《あ》げることができます。

お陰《かげ》でBちゃんは、ほんの少しの間に、苗木《なえぎ》――木の赤ちゃん――に変身《へんしん》しました。

気のどくなのはAちゃんです。

「ヒャー、なんてひどいところ！」

まわりは石ころだらけ。土はほとんど見えません。

しかしAちゃんは、自分で別《べつ》の土地へ行くことが出来《でき》ないのです。

「ああ、羽《はね》か足があったらなあ！」

嘆《なげ》いていても仕方《しかた》がありません。このままでは死んでしまいます。

「Aちゃん、がんばって！」

離れたところから見ていたBちゃんは、心配《しんぱい》して声をかけてくれました。

「そうだ、がんばってみよう。」

気をとりなおしたAちゃんは、石ころの間の、少しでも土のある所《ところ》を探《さが》して、根を延《の》ばしていきました。

水や養分《ようぶん》を集めるために、あちこちに広く、そして深く、根を張りめぐらせなければなりません。

もうへとへとに疲《つか》れながら、それでもAちゃんは、毎日がんばったのです。

その間ずっと、Bちゃんははげまし続《つづ》けてくれました。

お陰でAちゃんは、何とか苗木に変身することが出来たのですが、Bちゃんほど立派《りっぱ》なものではありません。

やっぱり水分《すいぶん》や栄養《えいよう》、それに土が不足《ふそく》しているから、仕方《しかた》がないのです。

「Bちゃんはいいなあ！」

Aちゃんは何回も、Bちゃんのことをうらやましく思いました。

でもあきらめないで、少しずつ努力《どりょく》を積みかさねていったのです。

「これからも、もっとがんばろう！」

自信《じしん》がついてきたAちゃんは、そう決心《けっしん》しました。

それから何年かが過ぎました。

Bちゃんは、背が高く、幹《みき》も太《ふと》い、立派《りっぱ》な若木《わかぎ》に成長《せいちょう》しました。

Aちゃんも、なんとか若木にはなったのですが、それでもBちゃんにはかないません。

ところがある日、ものすごい台風《たいふう》がやってきました。

雨がザアザア降《ふ》って、強い風がビュービュー吹き付けてくるではありませんか。

AちゃんとBちゃんは、倒《たお》れないように、必死《ひっし》になって耐《た》えていたのです。

しかし、とうとう耐えきれなくなったのか、Bちゃんが傾《かたむ》き始めました。

「Bちゃん、がんばって！」

Aちゃんは、大声《おおごえ》で叫《さけ》びました。

やっと嵐《あらし》が過ぎ去《さ》ってみると、あの立派なBちゃんは、傾いたまま。少したよりないAちゃんは、なんと真《ま》っ直《す》ぐに立っているではありませんか！

どうしてこんなことになったのでしょう？

そうです。Bちゃんの所は、水分や養分に恵《めぐ》まれた土だから、そんなに根を張らなくても成長できたのです。だから強い風に耐えられなかった、と言えるでしょう。

Aちゃんの方《ほう》は、なんとかして水分や養分を求《もと》めようとしているうちに、いつの間《ま》にか地中《ちちゅう》深《ふか》く、そして広く、根を張りめぐらせていたのです。

だから強い風にも、じゅうぶん耐えることができたのでしょう。

「Bちゃん、からだを起《お》こして！」

Aちゃんは毎日、Bちゃんをはげましてあげました。

Bちゃんの努力の結果《けっか》、少しずつ回復《かいふく》していったのですが、元《もと》どおりの真《ま》っ直《す》ぐな幹《みき》にはなりませんでした。

そして、ある年《とし》の夏——

「今年《ことし》は雨が降らないなあ！」

村の人たちは、とても困《こま》っていました。

そう言えば、今年は春の初めから、ほとんど雨が降っていないのです。

そしてとうとう、夏がやってきました。強い日光《にっこう》を受《う》けて、せっかく植《う》えた作《さく》物《もつ》も、どんどん枯《か》れてきました。

かなり大きな木に成長した、AちゃんとBちゃんも、なんとかして水分を得《え》ようと、お互いにはげまし合いながら、がんばっていました。

しかしそのうちBちゃんは、少しずつ元気がなくなってきたのです。

「ああ、苦《くる》しい。もうダメだ！」

こんなことを、Bちゃんが言うではありませんか。

「Bちゃん、もう少しがんばって！」

隣《となり》のAちゃんは、思わず叫びました。

「もっと根を張っておけばよかった……。」

Bちゃんの声は、だんだん弱くなってきました。

そして、Aちゃんがいくら声をかけても、Bちゃんはもう返事《へんじ》をしないのです。

Bちゃんは、最後《さいご》の力も尽《つ》きて、死んでしまったのです。

「ああ、なんてことだ！」

Aちゃんは、とても悲《かな》しくなりました。

「もっと根を拡《ひろ》げるように、Bちゃんに言ってあげていたら……。」

くやしい思いに、Aちゃんの身体《からだ》は震《ふる》えました。

水分が足《た》りないために、Aちゃんも苦しかったのですが、根を深く広く張っていたお陰で、なんとか耐えることが出来たのです。

それからしばらくして、村中《むらじゅう》に妙《みょう》な噂《うわさ》がひろがってきました。

それは、風の強い日や、日照《ひで》りの続いた夜に、どこからともなく、とても悲しそうに泣《な》く声が聞こえてくる、と言うことでした。

気になった村人たちが、いろいろ調べたところ、それは村から少し離れた、荒《あ》れ地《ち》に立っている木だ、と分《わ》かったのです。

「どうして、この木が泣くんだろう？」

村人たちは不思議《ふしぎ》に思いました。

「わかったぞ！　友だちの木が死んだから、悲しがっているんだ！」

一人のおじいさんが、傾《かたむ》いたまま、枯れてしまった木を見て言いました。

「この二本《にほん》の木は、とてもなかよしだったに違《ちが》いない。」

それで人々《ひとびと》は、これらの木をずっと大切《たいせつ》に見守《みまも》ることにしたそうです。

(4) 緑《みどり》の落《お》ち葉《ば》

ナナは、公園《こうえん》の中を散歩《さんぽ》していました。

少しつかれたので、ベンチに腰《こし》を下《お》ろそうとした時、ふと五、六枚《まい》の落ち葉が目に入《はい》りました。

「あれっ、変《へん》だなあ?」

そう思ってナナは、一枚の落ち葉を、手に取ってみたのです。

まだ生き生きとしている、緑色の木の葉! そして傷《きず》ひとつない、きれいな姿《すがた》!

「こんな元気な葉っぱが、どうして散《ち》るの!?」

ナナは、ほんとうに不思議《ふしぎ》でした。

「まだ五月なのに……。」

その時でした。ささやくような声が、聞こえてきたのです。

「ナナちゃん、こんにちは。」

「えっ、だれなの？」

思わずナナは、辺《あた》りを見回《みまわ》しました。しかし、どこにも人の姿は見えません。

「ナナちゃんの手の中の落ち葉、それが私なんだよ。」

「えーっ、葉っぱがしゃべれるの!?」

ナナは、夢をみているような気持ちです。

「そうだよ、ナナちゃん。心を落ち着けて、耳を澄《す》ませてごらん。いろんなモノたちの、お話が聞こえてくるから。」

「ふうーん」

「ところで、ナナちゃん、私を拾《ひろ》いあげてくれて、ありがとう。温《あたた》かい手をしているんだね。」

ナナはじっと、手の中の落ち葉を見つめました。

「ナナちゃんが不思議に思う気持ち、私にはよく分《わ》かるんだ。」

そう言って緑の落ち葉は、ナナに説明《せつめい》してくれたのです。

――秋から冬にかけて、葉が全部《ぜんぶ》散ってしまうのが、落葉樹《らくようじゅ》。冬の間、幹《みき》と枝《えだ》だけになって、寒そうに立っているね。

これに対《たい》して、一年中《いちねんじゅう》緑の葉におおわれているのが、常緑樹《じょうりょくじゅ》。私の親元《おやもと》がそれなんだ。

そう、ベンチの後《うし》ろにある木、それだよ。

そしてこれらの葉っぱたちも、次つぎと、新しい葉に生《は》え変《か》わっている――

「けど、どうして緑のまま散ってしまうの？　まだまだ元気そうなのに……。」

「そこだよ、ナナちゃん。古い葉っぱがいつまでも、枝にしがみついていたら、後《あと》から生まれてくる子どもたちに、じゅうぶん栄養《えいよう》がまわらないし、日光《にっこう》も当《あ》たらないからね。」

「だから早めに散ってしまうの？」

「そのとおりだよ、ナナちゃん。」

ナナは緑の落ち葉が、少しあわれに思えてきました。

「もっといろいろなことが、したかったのでしょう？」

「いや、いいんだよ、ナナちゃん。私もね、葉っぱとしての仕事《しごと》を、がんばってやってきたし、それに楽しいことや、こわい経験《けいけん》もさせてもらったんだよ。」

「ねえ、どんなおはなし？」

「話してあげてもいいんだけど、もう日が暮《く》れてきたし……。そうだ、ナナちゃん、夢《ゆめ》の中で会《あ》おうよ。寝《ね》る前に『緑の落ち葉さん』と言ってから、枕《まくら》を三回たたいておくれ。そしたら、かならずナナちゃんの夢に出てあげるから。」

「きっと出てきてね。」

「ああ、約束《やくそく》は守るよ。私も楽しみにしているから。今日はナナちゃんに会えて、ほんとによかった。」

「わたしもよ、緑の落ち葉さん。」

そう言って、ナナは手の中の葉っぱを、そっと木の根元《ねもと》に置《お》いてあげました。

(5) 博士《はかせ》の反省《はんせい》

博士は何年も前から、ある種類《しゅるい》の鳥の鳴《な》く声を、聞き分ける研究をしてきました。

体育館の半分ぐらいある、大きな鳥小屋《とりごや》です。金網《かなあみ》で囲《かこ》まれた小屋には、小さな山や林があって、草地の中を小川《おがわ》が流れています。

室外《しつがい》に造《つく》られた鳥小屋ですから、鳥たちは暑い夏や、雪の降る冬、それに雨や風も経験することができるのです。

そう、自然のままと同じような生活を、鳥たちは送っている訳《わけ》です。

博士はいろいろ工夫《くふう》して、素晴らしい受信器《じゅしんき》を作りました。それは鳥たちの声を、見事《みごと》にとらえて録音《ろくおん》したり、音の波の形を細《こま》かな部分まで記録できます。

同時に、鳥たちの行動《こうどう》も録画《ろくが》できますから、それらをまとめて分析《ぶんせき》すると、どんな時に、どのように鳴くかが分《わ》かってきました。

博士が今知っている鳥の声は、次の十個《こ》の場合です。

〝危険《きけん》だよ〟　〝逃《に》げろ〟　〝お腹《なか》すいた〟　〝こっちへおいで〟　〝食べ物がある〟

〝おいしかった〟　〝疲《つか》れた〟　〝オヤスミ〟　〝オハヨウ〟　〝じゃまするな〟

鳥小屋の金網の近くへ、トンビやカラス、それに猫などがやって来た時、〝危険だよ〟とか〝逃げろ〟と声を出します。

〝疲れた〟は、〝眠《ねむ》たい〟と同じ意味《いみ》になるそうです。

博士はまた工夫して、鳥たちの声を、人間の言葉に直《なお》して聞こえるセットを発明しました。

このセットを使うと、鳥たちが今なにを話しているのか、そしてこれから何をするつもりなのか、とてもよく分かっておもしろいのです。

うれしくなった博士は、このセットのことを新聞やテレビで発表しました。

国内《こくない》だけでなく、外国からも多くの人々が見学にやって来ました。

もう毎日、押《お》すな、押すなの長い行列《ぎょうれつ》ができて、お陰《かげ》で博士はクタクタに疲れてしまいました。

けれど博士はニコニコして、みんなに説明したり、質問に答えたりしていたのです。

ところが、ある晩、博士はふと閃《ひらめ》くものを感じました。

「そうだ、一度あれをやってみよう！」

博士が何を始めたのか、分かりますか？

ある日、彼は録音しておいた鳥の声を、小屋の中で発信《はっしん》したのです。

〝危険だよ〟これを聞いた鳥たちは、思わず周囲《しゅうい》を見回《みまわ》しました。しかし、かれらにとって危険な生き物が、身近《みじか》に迫《せま》っている気配《けはい》は感じられません。

「変《へん》だなあ？」

鳥たちは、不思議に思いました。すると、突然《とつぜん》、

〝逃げろ〟

と言う声が聞こえたのです。何が何だか訳が分からないまま、とにかく鳥たちは急いで、飛んで逃げました。

「うん、なかなかいい調子《ちょうし》だ。」

博士はその効果《こうか》に、とても満足《まんぞく》でした。

そして、そこで止《や》めればいいものを、彼はもっといろいろ試《ため》してみたくなったのです。

〝食べ物がある〟

ちょうどお腹がすいていた鳥たちは、みんな声のする方へ集まってきました。

……が、どこにも食べ物はありません。

みんなキョロキョロ、ウロウロ！

そんなところへ、また声が聞こえてきました。

〝オヤスミ〟

「ええっ、まだこんな明《あか》るいのに⁉」

鳥たちは、もう大混乱《だいこんらん》の状態《じょうたい》です。

とうとう頭がおかしくなった鳥たちは、なかま同士《どうし》でケンカしたり、メチャクチャな鳴き声をあげたり、夜になっても眠らなかったり……。

ガリガリに痩《や》せて、飛ぶこともできない鳥が増《ふ》えてきました。だって、そうでしょ。せっかく餌《えさ》を食べようとしているのに、誰《だれ》かが、〝逃げろ〟なんて言うものですから。

睡眠不足《すいみんぶそく》に、いつも神経《しんけい》はイライラ……。

ついに鳥たちは、一羽《いちわ》、二羽《にわ》と死に始めました。そして一週間も経《た》たないうちに、小屋の鳥たちは、みんな死に絶《た》えてしまったのです。

出張《しゅっちょう》から帰ってきた博士は、鳥小屋に入ってビックリしました。

「おお、なんてことだ！」

あちこちに、点々《てんてん》と転《ころ》がっている鳥たちの死体《したい》！　辺《あた》りは、シーンと静まり返《かえ》っています。あの元気な鳴き声は、もうどこにも聞こえてこないのです。

博士は慌《あわ》てて、録画のスイッチを入れてみました。そして、彼がそこで目にしたものは……。

それは、餌も食べず、眠りもしないで、大混乱をくり返す、憐《あわ》れな鳥たちの姿でした。

「ああ、私は何とヒドイことをしたのだろう！」

そうです。博士は鳥たちの自然の生活を、ブチこわしてしまったのです。

博士は鳥小屋の中に立ったまま、一時間も、二時間も、深く反省していました。

著者略歴

若《わか》林《ばやし》泰《やす》雄《お》
1932年　大阪市生まれ
1943年　滋賀県に疎開
1956年　滋賀大学（教育学部）卒業
　　　　滋賀県下の中学校に勤務
1985年　退職

既刊図書

二人のキャンバス —天国のキミへ— ｝文芸社
ボクの縄文時代

二人三脚 —中学生の指導現場から— ｝サンライズ出版
ロボ博士と妻 —悔恨からの再生—

親子で育つ話し合い

2000年10月15日　初版第1刷発行
2006年11月10日　初版第3刷発行

著　者　若　林　泰　雄

発行者　若　林　泰　雄
滋賀県近江八幡市池田町4丁目10
〒523-0877　TEL/FAX.0748-33-1803

発売元　サンライズ出版
滋賀県彦根市鳥居本町655-1
〒522-0004　TEL.0749-22-0627

印　刷　サンライズ出版株式会社

ISBN4-88325-208-6　C0037